반드시 열매 맺는 전도

반드시 열매 맺는 전도

지은이 | 신후
초판 발행 | 2025. 7. 23
등록번호 | 제1988-000080호
등록된 곳 | 서울특별시 용산구 서빙고로65길 38
발행처 | 사단법인 두란노서원
영업부 | 2078-3333   FAX | 080-749-3705
출판부 | 2078-3331

책 값은 뒤표지에 있습니다.
ISBN 978-89-531-5145-1   03230

독자의 의견을 기다립니다.
tpress@duranno.com   http://www.duranno.com

ⓒ 이 출판물은 저작권법에 의해 보호를 받는 저작물이므로
무단 전재와 무단 복제, 무단 사용을 할 수 없습니다.

두란노서원은 바울 사도가 3차 전도여행 때 에베소에서 성령 받은 제자들을 따로 세워 하나님의 말씀으로 양육하던 장소입니다. 사도행전 19장 8-20절의 정신에 따라 첫째 목회자를 돕는 사역과 평신도를 훈련시키는 사역, 둘째 세계선교(TIM)와 문서선교(단행본·잡지) 사역, 셋째 예수문화 및 경배와 찬양 사역, 그리고 가정·상담 사역 등을 감당하고 있습니다. 1980년 12월 22일에 창립된 두란노서원은 주님 오실 때까지 이 사역들을 계속할 것입니다.

Awaken the Lost DNA of Evangelism

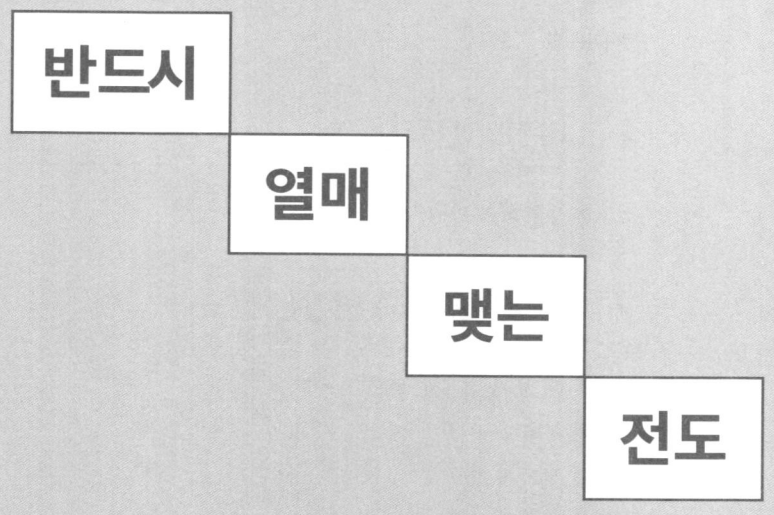

실패 없는 전도를 위한 실제 가이드

신후 지음

두란노

추천사 • 6
들어가는 말 • 8

1 마귀의 전략

전도를 방해하는 마귀의 10가지 전략 • 25

2 변질된 복음과 변질된 전도

실제로 해 보기 전에는 모른다 • 39
변질된 복음 • 41
변질된 전도 • 58
구원은 성령의 사역이다 • 71

3 복음이란 무엇인가?

예수 그리스도가 복음이다 • 75
복음은 하나님의 의(義)다 • 79
복음은 하나님의 나라다 • 83
복음은 기쁜 소식이다 • 87
복음은 은혜다 • 90
복음은 천국 문을 여는 열쇠다 • 94
복음은 죄의 노예 상태로부터의 해방이다 • 96
복음은 부활의 소식이며 새 생명으로 거듭나는 것이다 • 99
복음은 가장 큰 사랑이다 • 102
복음은 가장 큰 선행이다 • 104
복음은 선물이다 • 106

4　복음을 받아들이는 9단계

전도는 예수님의 명령이다 • 113
한 사람이 복음을 받아들이는 과정 • 116
불신자가 복음을 받아들이는 9단계 • 121
유혹과 갈등에 대한 권면 • 134

5　전도가 어려운 이유와 해법

전도가 어려운 20가지 이유 • 137

6　의사소통의 파손과 문화적 존재의 이해

의사소통의 파손 • 169
문화적 존재로서의 인간 • 174

7　다시 사명으로

자기 일에만 얽매어 있지 말고 받은 사명을 감당하자 • 183
달란트 비유의 교훈 • 184
충성된 사명자의 삶 • 186
감사한 사명, 귀한 은혜 • 188

참고 문헌 • 190

추천사

이 시대 많은 그리스도인이 전도를 막막해하고 부담으로 여기며, 전도는 특별한 은사가 있는 소수만의 몫이라고 생각합니다.

《반드시 열매 맺는 전도》는 복음과 전도에 대해 변질된 관점과 생각을 갖고 있는 그리스도인들에게 복음 전파의 기쁨과 사명을 다시금 일깨워 줄 것입니다. 저자는 자신의 삶을 통해 복음의 능력을 실제로 증거하며, 성령의 인도하심 가운데 열매 맺게 하시는 하나님의 은혜를 진솔하게 풀어냅니다. 복음이 무엇이며, 어떻게 전하고, 무엇을 전해야 하는지를 실제적이면서도 구체적으로 알려 줍니다.

복음은 전해질 때 온전해집니다. 모든 성도가 주님의 증인으로 부르심 받았다는 사실을 기억하며, 전도는 오늘을 살아가는 우리 모두에게 여전히 가장 시급하고 실제적인 명령임을 깊이 깨닫게 되기를 소망합니다. 주님의 사명을 감당해 가는 순종의 길에 반드시 열매가 맺히리라는 믿음으로 이 책을 추천합니다.

이 재 훈
온누리교회 위임목사

들어가는 말

INTRODUCTION

가족 복음화

우리 교회의 전도 전략은 온 가족 복음화다. 가족 중에 한 사람만 예수 안 믿는 사람이 있어도 그 영향은 대우 크다. 그 한 사람 때문에 가족이 하나 되지 못하고, 늘 다툼이 있고, 가정 예배도 드리기 힘들고, 신앙 성장에도 방해가 되며, 하나님께 헌신하기도 힘들다.

1990년, 나는 방송국 PD가 되기 위해 일본에 유학을 떠났다가 장로교 선교사를 만나 복음을 듣고, 예수님을 나의 구주로 영접하게 되었다. 예수님을 구주로 믿고 나니, 안 믿는 가족들의 구원이 가장 먼저 걱정되었다. 그래서 나는 가족 전도를 위해 비싼 국제 전화 카드를 사서 국제 전화로 가족들에게 예수님을 전했다. 그 당시만 해도 카카오톡 같은 온라인 SNS가 없었기 때문에, 3분짜리 5분짜리 비싼 국제 전화 카드를 구입해서 한정된 시간 안에서 통화를 해야 했다. 나는 전화 통화를 시작하자마자 예수님을 믿어야 한다고 열변을 토했는데, 그러다 보니 전도는 안 되고 역효과만 났다. 가족들이 처음 한두 번은 들어주더니 그다음부터는 예수 믿으려면 너나 잘 믿고, 국제 전화로 그런 소리 할 거면 다시는 전화하지 말라며 끊어 버렸다. 내가 열심히 전도할수록 가족들은 예수님을 안 믿으려는 마음을 더욱 확고하게 굳혔다.

가족 전도는 해야 하는데, 막 믿은 초신자라 어떻게 해야 할지 몰라 마음이 너무 답답했다. 교회 목사님과 오래 믿은 성도들에게 어떻게 하면 좋을지 물어봐도 돌아오는 대답은 그저 "네, 기도할게요"뿐이었다.

그러던 어느 날 복음서를 다 읽고, 사도행전을 읽다가 한 구절에 나의 눈이 고정되었다.

이르되 주 예수를 믿으라 그리하면 너와 네 집이 구원을 받으리라 하고
행 16:31

나는 무릎을 꿇고 간절히 하나님께 기도하였다.

"하나님, '주 예수를 믿으라 그리하면 너와 네 집이 구원을 받으리라'라고 하셨으니 빌립보 감옥 간수 집만이 아니라 우리 집도 구원을 받게 해 주세요. 하나님, 제가 다른 사람들의 가족을 열심히 전도할 테니, 누군가를 시켜서 저의 가족들을 전도하게 해 주세요. 저는 우리 가족을 전도할 힘이 없습니다. 하나님 도와주세요."

그때부터 나는 사도행전 16장 31절의 말씀을 붙잡고 다른 사람의 가족들을 전도하기 시작했다. 그 당시 나는 예수님을 믿은 지 얼마 안 되던 때라 전도하는 법을 몰랐다. 그래서 주일날 예배 후 성도들이 남기고 간 주보들을 모아서 전도지로 사용했다. 아는 유학생들에게 주보를 주면서 우리 교회가 너무 좋으니 주일날 꼭 한 번 오라고 초대하였고, 아르바이트하는 곳에서도 "예수님을 믿으니 너무 좋아요. 나는 교회가 이렇게 좋은 곳인지 진짜 몰랐어요. 교회가 이렇게 좋은 곳인 줄 알았더라면 진즉부터 다녔을 텐데, 정말 후회가 됩니다"라고 말하며, 사람들을 적극적으로 교회로 초대하였다. 복음은 내가 확신을 가진 만큼 자신 있게 전할 수 있다는 것을 그때 알게 되었다.

그렇게 3~4개월간 주보 전도를 하였더니, 한국 유학생들이 40명 넘게 일본 교회에 출석하게 되었고, 하나님의 은혜로 한국어 예배가 시작되었다. 물론, 나 혼자 전도한 것은 아니다. 목사님도 열심히 전도하였고, 내가 전도해 온 사람들도 자기가 아는 사람들을 열심히 교회로 데려왔다.

1년이 지나자 주일 예배 출석자가 80명이 되었고, 2년이 지나자 160명이 되었고, 3년이 지나자 250명이 되어 일본인 교인보다 한국인 교인이 더 많아졌다. 교회가 빠르게 부흥하다 보니, 목사님이 시킨 것도 아닌데 교회 안 나오는 사람들을 심방하고, 배고픈 유학생들을 찾아가 밥도 사 주고, 돈이 없어 방세를 못 낸 유학생들 방세도 내주고, 그들이 미안해하면, "한 50년쯤 후에 이자 없이 갚아라. 잊어버리면 갚지 말고, 괜찮아" 했더니, 서로 마음이 편해졌다.

그때 경험한 것은 전도할 때 상대의 필요를 섬기면서 전도해야 한다는 것이었다. 나는 전도를 하면서 전도하는 법을 배우게 되었다.

그렇게 5년이란 시간이 흘렀고, 나는 하나님의 부르심(Calling)을 받고 헌신하였다. 미국에 신학을 공부하러 가기 위해 나는 잠시 한국에 들러 가족들을 만나게 되었다. 그런데 놀랍게도 우리 가족 중 절반 이상이 예수님을 믿고 교회에 다니고 있었다. 7남매가 모두 결혼하여 조카들까지 합하면, 총 25명의 대가족이었는데, 누군가의 전도로 그중 15명이 교회를 다니고 있었다. 신실하신 하나님을 찬양하지 않을 수 없었다. 할렐루야!

1995년, 미국에서 신학을 공부하면서도 아직 예수님을 믿지 않는 10명의 가족 구원을 위해 매일 기도하였고, 계속해서 다른 사람들의 가족을 열심히 전도하였다. 하루는 한인 마트 앞에서 노방전도를 하고 있는데, 한 사람이 다가와 말을 걸었다.

"요즘에도 이렇게 전도하는 사람이 다 있네요. 이런 식으로 해서 전도가 되나요?"

그러면서 교회가 어디에 있느냐고 물었다. 내가 교회 주보를 주며 교회 위치와 주소를 상세히 알려 주었더니, 그 사람이 "11시까지 가면 되나요?" 하고 물었다. 나중에 알고 보니, 그 사람은 미국에 와서 교회를 다닐까 말까 망설이던 참이었다. 나에게 "이런 식으로 전도가 되느냐"고 물었던 사람이 그렇게 교회에 나와 예수님을 믿게 되었다.

전도는 참 안될 것 같은데, 실제로 해 보면 전도가 되는 것이 신기하고 놀랍다. 마귀는 늘 안된다는 마음을 먼저 주고, 우리를 부정적인 생각과 부담감으로 가득 채운다. 그러나 막상 나가서 입을 열어 복음을 전하면, 그다음은 성령이 친히 역사하시는 것을 경험한다.

하나님의 은혜로 신학대학과 대학원 그리고 박사 학위 취득까지 모두 마치고, 나는 미국 장로교 목사가 되어 선교사로 나가기 위해 10년만에 한국으로 돌아왔다.

나는 또 한 번 신실하신 하나님의 역사에 놀라고 말았다. 놀랍게도 25명의 가족 중에 24명이 예수님을 믿고 교회를 다니고 있었다. 할렐루야! 하나님은 참으로 우리의 기도를 들으시고, 우리 마음의 중심을 보시며, 우리의 모든 행위를 살피시는 신실하신 하나님이시다.

가족 중에 마지막 한 명 남은 불신자는 큰누나였다. 큰누나는 혼자서 열심히 절에 다니고 있었다. 가족 중에 24명이 예수님을 믿고, 큰누나 한 사람만 안 믿는데도 마귀가 큰누나를 통해 강하게 역사하였다. 1명의 불신자가 24명의 신자들을 압도할 정도였다. 함께 가족 식사를 할 때도 "예수님의 이름으로 기도합니다" 하고 식사 기도를 하고 나면, 바로 이어서 "부처님의 이름으로 기도합니다. 잘 먹겠습니다" 하고 큰 소리로 말하였다.

큰누나의 학력은 그리 높지 않은데도 기독교와 교회를 비판할 때는 박사급 수준이었다. 큰누나의 불신앙적인 영향은 가족들의 신앙 성장에도 큰 방해가 되었다. 큰누나를 전도하려고 하면, 첫 마디에 바로, "됐어. 나에게 교회 이야기는 한 마디도 하지 마" 하고 잘라 말했다. 얼마나 강하게 거절하던지, 내 힘으로는 큰누나를 전도할 수 없다는 절망감만 들었다.

2005년, 나는 5살, 4살, 백일 된 어린 세 자녀를 데리고 선교지로 떠났다. 나와 아내는 먼저 언어와 문화를 열심히 배웠고, 만나는 현지인들과 좋은 관계를 맺어 갔다. 언어를 어느 정도 할 수 있게 되자 우리는 복음을 전하기 시작하였다. 하나님의 은혜로 가정교회들이 1년에 한 교회씩 개척되었다.

나는 큰누나를 생각하며, '전 가족 복음화'라는 선교 전략을 세우고, 교인들의 가족 복음화에 힘쓰며 선교하였다. 가족 중 한 명의 불신자만 있어도 마귀가 그 한 명을 통해서 가족 전체에 얼마나 강하게 역사하는지를 실제로 경험해 봤기 때문이다.

선교지에서도 "주 예수를 믿으라 그리하면 너와 네 집이 구원을 받으리라"(행 16:31)라는 말씀을 붙들고 기도하며 다른 사람의 가족들을 열심히 전도하였다. 교인들의 부모님이나 가족이 지방에서 올라오면 집에 초대해 식사 대접을 하고 정성껏 섬겼으며, 마음이 열려 주일날 교회 예배에 참석하면 성경을 통해 복음을 전했다. 또 동역자들이 전도하다가 실패한 가족들을 교회로 데려오면, 나는 남자에게 아내는 여자에게 복음을 전했고, 그때마다 성령께서 그들의 마음에 강하게 역사하시어 모두가 예수님을 구주로 영접하였다.

우리가 열심히 복음을 전하다 보니 그 결과로 교회가 자연스럽게 부흥하였다. 15평 남짓한 예배 장소에 120명이 모이니 숨 쉴 공기가 부족해 예배 중간중간 밖에서 보이지 않도록 불을 끄고 창문을 열어 환기해 가며 예배를 드려야 했다. 얼마 지나지 않아 예배 장소가 다섯 군데로 늘어났고 그 후 대도시 곳곳에 교회가 세워졌다. 교회 성장에는 전도가 필수다.

어떤 사람은 지금은 옛날과 달리 전도할 사람들이 없다고 말한다. 그러나 이단이 급증한다는 것은 그만큼 영적으로 갈급한 사람들이 많다는 것을 반증한다. 전도할 사람이 없는 것이 아니라, 전도하는 사람이 없는 것이다.

선교지에서 사역한 지 3년쯤 지났을 때, 넷째 누나가 말기 암으로 위중하다는 소식을 들었다. 나는 아이들을 데리고 급히 귀국하였다. 한국에 도착하자마자 넷째 누나가 입원해 있는 병원부터 심방하였다. 그런데 놀랍게도 불신자였던 큰누나가 예수님을 믿고 넷째 누나를 간병하고 있었다.

큰누나는 병원 내 교회를 다니며, 새벽예배부터 모든 예배에 참석하며 신앙생활을 아주 열심히 하고 있었다. 틈만 나면 다른 환자들과 간병인들과 간호사들에게 간단히 요약된 복음을 전했고, 누구를 만나도 예수님에 대해 말하고, 거의 그 병원 전도사가 되어 있었다. 나는 넷째 누나의 말기 암보다 큰누나가 예수님을 믿고 변화된 모습에 더 놀라고, 더 큰 충격을 받았다. 우리는 하나님께 믿음으로 기도한다고 말하면서도 하나님의 기도 응답에 깜짝 놀랄 때가 많다. 그만큼 믿음 없이 의심하며 기도했다는 증거다. 나는 하나님께 감사하면서도 나 자신의 믿음 없음을 회개하였다.

나는 너무 궁금해서 큰누나에게 어떻게 해서 예수님을 믿게 되었는지 물어보았다. 큰누나는 흥분한 음성으로 자신이 예수님을 믿게 된 간증을 자세히 들려주었다. 나는 큰누나의 간증을 들으며 또 한 번 놀라며 하나님을 찬송하였다.

큰누나는 그해 연초에 설 연휴를 가족들과 보내기 위해 고향으로 내려왔다. 그런데 마침 셋째 누나 교회에서 신년 부흥회가 3일간 열리고 있었다. 셋째 누나와 둘째 누나가 이번 기회에 큰누나를 교회로 인도해 예수님을 믿게 하려고 작전을 펼쳤다. 당시 큰누나는 나이 들어 혼자 살면서 식당 일을 하고 있었는데, 셋째 누나가 큰누나에게 "언니, 식당에서 일하면, 하루 일당이 얼마나 돼?" 하고 물었다. 큰누나가 "하루 종일 죽도록 일해 봐야 고작 8만 원을 받는다. 돈 벌기 힘들어 죽겠어" 하고 대답했다. 이에 셋째 누나가 "언니, 우리 교회에서 3일간 신년 부흥회를 하는데, 와서 두 시간만 앉아 있으면, 처음 온 사람들에게는 하루 10만 원씩 준대. 언니도 부흥회에 와서 돈 좀 벌어 봐. 3일이면 30만 원이잖아"라고 말했다. 옆에 있던 둘째 누나가 맞장구치며 "3일간 총 6시간만 앉아 있으면, 고향에 내려오느라 쓴 경비는 다 벌어 가겠네. 그러니 언니, 꼭 참석해라. 30만 원이 어디야?" 하고 부추겼다.

처음에는 큰누나가 "세상에 그런 교회가 어디 있다니? 교회는 다 헌금 내라고 한다던데…" 하면서 거절하더니 둘째 누나와 셋째 누나의 끈질긴 설득에 조금씩 마음이 움직여 결국 부흥회에 참석하게 되었다.

부흥회 첫날, 예배에 처음 참석한 큰누나는 모든 것이 낯설고 어색했다. 찬송가도 모르고 기도할 줄도 모르고 성경 말씀도 찾을 줄 몰라 괜히 왔나 싶은 마음에 돌아갈까 생각하기도 했지만, 셋째 누나가 그럴 줄 알고 한번 앉으면 드나들기 힘든 가운데 자리에 큰누나를 앉게 했다. 그래서 큰누나는 중간에 나가지 못하고 예배가 끝나기만을 기다릴 수밖에 없었다.

첫날 부흥회가 한 시간 반 만에 끝나고 나니 어디선가 예쁜 한복을 입은 여인이 나타나서 큰누나에게 친절하게 인사하고는 수고했다며 10만 원이 든 봉투를 주었다. 이것은 예배 전에 셋째 누나가 새신자 담당 권사님에게 미리 전달해 두었던 각각 10만 원이 든 봉투 세 개 중 하나였다.

이 사실을 모르는 큰누나는 돈 봉투를 받고 "진짜로 돈을 주네" 하며, 집으로 돌아가는 차 안에서 깨끗한 신권 1만 원짜리 10장이 들어 있는 봉투를 확인하고는 연신 기뻐하고 좋아했다. 큰누나는 또 10만 원을 받을 생각으로 다음날도 부흥회에 참석하였다. 3일째는 조금 미안한 마음이 들어서 최대한 협조적으로 찬송가도 조금 따라 부르고, 기도 끝나면 "아멘!" 소리도 다른 사람과 맞추어 하고, 부흥강사의 간증도 집중해서 재미있게 듣더니, 예배가 끝나갈 무렵에 부흥 강사가 "예수 믿을 사람 일어나라"라고 하니, 큰누나도 다른 사람들을 따라 일어나 영접 기도까지 하고, 그렇게 또 10만 원을 받았다.

큰누나가 "너희 교회는 돈이 많은가 보다. 진짜 30만 원을 다

주네, 나는 첫날만 교회에 오게 하려고 돈을 주는가 생각했는데, 3일간 진짜로 다 주네. 내가 불교를 믿고 30년 넘게 절에 다녔어도 차비 한 번 받아 본 적이 없는데, 교회가 다르긴 다르구나" 하며 기뻐했다. 셋째 누나가 "언니, 교회에 다니면 돈보다 더 좋은 게 엄청 많아. 돈은 아무것도 아니야. 언니도 이제 예수님을 믿는다고 했으니까, 이번에 올라가면 집에서 가까운 교회를 한번 다녀 봐"라고 권하며 격려하였다.

큰누나는 자기 집으로 돌아가자마자 절에서 준 물건들을 깨끗하게 세탁하여 보자기에 싸서 평소에 다니던 절을 찾아가 주지 스님에게 염주랑 함께 내놓으며 이렇게 말했다.

"스님, 그동안 제게 참 잘해 주셔서 감사합니다. 저는 예수님을 믿게 되어, 앞으로 교회에 다니려고 합니다. 이제부터는 절에 못 옵니다. 늘 건강하시고, 안녕히 계십시오."

큰누나가 공손하게 인사하고 가려고 하니 스님이 감동한 얼굴로 "이제껏 절에 다니다가 개종해서 교회에 다닌 사람들이 많은데, 일부러 찾아와 정식으로 인사하고 간 사람은 처음 봅니다" 하면서, "시주님, 예수 잘 믿으시고, 교회에 잘 다니세요"라고 말했다.

그로부터 얼마 지나지 않아 넷째 누나가 말기 암으로 병원에 입원하게 되자 큰누나는 자진하여 간병하며 날마다 병원 교회에서 눈물로 기도했다. 열심히 성경을 읽고, 예배 설교를 통해 은혜

받고 회개하여 하나님의 은혜로 거듭난 그리스도인이 되었다. 신학을 공부하고 교회에서 얼마간 전도사 생활도 하였던 넷째 누나는 결국 소천하여 천국의 주님 품으로 돌아갔다.

다시 몇 해가 지나고, 나는 아이들의 여름방학을 이용해 한국을 방문하였다. 주일날이 되어 큰누나가 다니는 교회가 궁금하여 주일 예배에 참석했는데, 주보를 보니 큰누나가 벌써 권사님이 되어서 중요 보직을 세 개나 맡고 있었다. 예배가 끝나고 돌아오는 길에 "누나가 교회에서 요직을 다 맡고 있네요" 하고 말했더니 큰누나가 "목사님이 이것도 맡기고 저것도 맡기고 하신다. 예수님을 늦게 믿어서, 감사한 마음으로 열심히 순종한 것뿐인데…. 다 하나님의 은혜야"라고 말했다. 큰누나는 일흔이 넘어서도 여전히 기도하며 성경을 읽고, 교회 봉사를 성실히 하고, 천국 상급을 소망하며 전도도 열심히 하고 있다. 신앙에 대한 열정이 강해 가끔 목사인 나에게도 성경을 가르치려고 하는 지나친 열정을 제외하고는 참으로 거듭난 그리스도인의 삶을 살고 있다.

간증하다 보면, 본의 아니게 내가 뭔가를 잘해서 가족이 구원받은 것처럼 표현하게 된다. 그러나 내가 한 것은 아무것도 없고, 모든 것이 하나님의 계획이요 은혜일 뿐이다. 모든 감사와 영광과 찬송을 하나님께 올려 드린다. 가족 전도가 힘든 이들에게 이 간증이 조금이나마 격려가 되고, 도움이 되길 바란다.

전도는 사명이다

예수님은 주님을 믿고 따르는 모든 그리스도인에게 복음 전파의 사명(mission)을 주셨다.

> 오직 성령이 너희에게 임하시면 너희가 권능을 받고 예루살렘과 온 유대와 사마리아와 땅끝까지 이르러 내 증인이 되리라 하시니라 행 1:8

> 또 이르시되 너희는 온 천하에 다니며 만민에게 복음을 전파하라 믿고 세례를 받는 사람은 구원을 얻을 것이요 믿지 않는 사람은 정죄를 받으리라
> 막 16:15-16

> 예수께서 나아와 말씀하여 이르시되 하늘과 땅의 모든 권세를 내게 주셨으니 그러므로 너희는 가서 모든 민족을 제자로 삼아 아버지와 아들과 성

령의 이름으로 세례를 베풀고 내가 너희에게 분부한 모든 것을 가르쳐 지키게 하라 볼지어다 내가 세상 끝날까지 너희와 항상 함께 있으리라 하시니라 **마 28:18-20**

이 사명은 시대가 변하고, 환경이 달라져도 보류되거나 취소되지 않는다. 이 사명은 주님이 다시 오실 때까지 계속되며 변함이 없다. 그런데 언제부턴가 주님이 주신 사명을 내려놓거나 불이행하는 게으른 그리스도인들이 늘어 가고 있다.

마태복음 25장에 보면, 예수님이 친히 말씀하신 종말에 관한 비유들이 나온다. 열 처녀의 비유가 주는 교훈은 "종말에 깨어 있으라"이다. 이어지는 달란트 비유의 교훈은 "악하고 게으른 종"이 되지 말고, "착하고 충성된 종"이 되라는 것이다. 주인으로부터 받은 사명에 최선을 다하라는 것이다.

착하고 충성된 종아 네가 적은 일에 충성하였으매 내가 많은 것을 네게 맡기리니 네 주인의 즐거움에 참여할지어다 **마 25:21**

주님으로부터 칭찬받고 주님의 즐거움에 참여하길 원하는 사람들에게 이 책이 내비게이션과 같은 길잡이가 되기를 바란다. 또한 주님이 우리에게 주신 사명을 충성되게 감당하고 싶어도 어떻게 해야 할지를 모르는 사람들에게 실제적인 도움을 주는 책이 되리라 믿는다.

2025년 7월　신후

CHAPTER 1

마귀의 전략

전도를 방해하는 마귀의 10가지 전략

마귀의 일은 무엇인가? 마귀는 우리로 하여금 죄를 짓게 하고, 게으름으로 허송세월하게 하고 신앙의 성장을 가로막는다. 뿐만 아니라 주님의 제자가 되지 못하게 방해하고, 복음을 전하지 못하게 하며, 그래서 사람들이 예수님을 믿지 못하게 한다.

마귀는 "전도하면 안 된다. 절대로 전도하지 마라!" 하고 노골적으로 협박하지 않는다. 차라리 대놓고 겁박한다면, 두렵더라도 주님이 주신 사명을 생각하며 어떻게든 전도해 보려고 노력할 것이다. 그런데 교활한 마귀는 절대로 속내를 그런 식으로 내비치지 않는다. 오히려 "전도? 안 해도 괜찮아"라고 다정히 속삭이며 우리를 안심시키고, 자기 합리화를 하도록 친절하게 돕는다. 결국, 우리의 문제점은 마귀를 싫어하면서도 마귀가 원하는 대로 산다는 것이다.

마귀가 우리로 하여금 전도하지 못하게 하는 전략들을 살펴보자.

1_교회에서 봉사를 많이 하는 사람은 전도하지 않아도 된다

마귀는 이렇게 속삭인다.

"그리스도인이라면 당연히 전도해야지. 그런데 너는 교회에서 이미 많은 봉사를 하고 있지 않니? 그러니 굳이 전도까지 할 필요는 없어. 너는 전도 말고도 다른 할 일이 많잖아!"

마귀는 직분자들을 겉으로 추켜세우는 척하면서 실제로는 전도 사역에서 제외시키려고 한다. "너는 교회에서 예배 안내자로, 주일학교 교사로, 소그룹 리더로, 설교로, 기도회로, 심방으로, 성경 공부로, 찬양으로 섬기고 있으니, 전도는 안 해도 돼. 너는 매일 Q.T도 하고, '어머니학교'로, '통독 성경'으로, '마더 와이즈'로, 교회의 여러 프로그램을 섬기고 있으니, 전도에서 열외야. 다른 사람들도 다 알아. 네가 교회에서 얼마나 많은 봉사를 하는지…. 그러니까 괜찮아, 너는 전도 안 해도 돼."

전도에 열심을 내야 할 직분자들을 이런 식으로 전도에서 열외시킨다. 성경도 잘 알고 신앙 훈련도 받은, 누구보다도 전도에 힘써야 할 사람들을 전도만 빼고 다른 섬김과 활동에 몰두하게 하는 것이다. 군대로 말하자면, 최정예 부대가 전투에 투입되지 않는 것이나 다름없다. 교회의 최정예 부대가 가장 치열한 영적 전투에 뛰어들지 않으니 당연히 승리하기가 어렵다. 교회 부흥도 일어날 리가 없다.

마귀는 치밀하고 집요하다. 처음에는 예수님을 못 믿게 방해하고, 예수님을 믿고 나면 성장하지 못하게 방해하고, 그리고 신앙 훈련을 받지 못하게 방해한다. 한 사람이 신앙 훈련을 받고 전도에 나섬으로써 거두게 될 수많은 영혼의 추수를 막으려는 것이다. 교회의 빈자리는 그냥 비어 있는 자리가 아니라 영적 전투에서 패배한 자리임을 기억하자.

2_전도처럼 중요한 일은 전도팀에 맡겨라

교회마다 대부분 전도팀이 있다. 마귀는 전도팀을 좋은 핑계거리로 삼게 한다. 즉 전도팀에게 전도를 일임하고 성도들은 전도를 안 해도 된다고 안심하게 한다. 마귀는 이렇게 속삭인다.

"'진료는 의사에게, 약은 약사에게' 맡겨야 하듯이 전도는 전도팀에 맡기는 게 좋아. 너는 전도팀을 위해 기도하고 헌금이나 하면 돼."

교인들은 "교회에 전도팀이 있으니 나는 굳이 전도하지 않아도 된다"라고 하면서 자신을 합리화한다. 만일 모든 교인이 이런 생각을 갖게 된다면, 차라리 전도팀이 없는 편이 교회의 부흥을 위해 더 나을지도 모른다. 전도는 소수의 헌신된 사람들에게만 맡겨진 일이 아니라, 모든 성도에게 주어진 주님의 명령이다.

사실, 전도팀에 속한 이들도 전도를 특별히 잘해서 들어온 사람들이 아니다. 영혼 구원의 절박함과 중요성을 알기에 들어온 것이다.

실제로, 전도팀이 열심히 전도 활동을 하더라도 교회 밖의 불신자들을 끊임없이 교회로 데려오기는 힘들다. 그러므로 전도의 사명을 전도팀에게만 맡겨서는 안 된다. 교회의 부흥은 몇 사람의 열심으로 이루어지는 것이 아니라, 모든 성도가 복음 전파의 사명을 자기 몫으로 받아들일 때 비로소 이루어진다.

3_전도는 여유로울 때 해라

컬럼비아 국제대학(CIU)의 전 총장 조지 머레이(George Murray)는 학교 채플 시간에 "마귀는 항상 '다음에' 전도하라고 한다. 그럼으로써 전도를 지연시킨다"라고 설교한 적이 있다.

마귀는 성도에게 이렇게 속삭인다.

"크리스천이니까 전도해야지 그런데 다음에 해, 지금은 바쁘니까 다음에 해. 지금은 아이들 시험 때잖아. 지금은 회사가 바쁘잖아. 오늘 약속이 있잖아. 오늘 마감할 일이 급하잖아. 오늘 교회

행사 있잖아, 오늘 운동해야 되잖아. 오늘 친구 만나야 되잖아…." 다른 일 할 시간은 있는데, 전도할 시간만 없다. 우리는 늘 바쁘고, 항상 무슨 일이 생긴다. 전도는 시간 여유가 있을 때나 하라는 마귀의 속삭임은 우리로 하여금 전도의 긴급성을 내려놓게 한다. 그럼으로써 전도는 언제나 삶의 우선순위에서 뒤로 밀려난다.

4_장소를 가려 전도해라

마귀는 성도에게 "여기 말고 다른 데서"라고 속삭인다.

"여기는 학교니까 전도하면 안 돼. 공부하는 곳이잖아."

"여기는 회사니까 전도하면 안 돼. 일하는 곳이잖아."

"전철에서 전도하면 안 돼. 사람들이 싫어해."

"공원에서 전도하면 안 돼. 오히려 역효과만 나."

"가족 모임에서 전도하면 안 돼. 괜히 관계만 나빠져…."

마귀의 말대로라면 우리가 사는 지구상에는 전도할 장소가 없다. 그렇다고 우주선을 타고 다른 행성에 가 봐야 그곳엔 전도할 사람이 없다. 그럼 어떻게 해야 하는가? 내가 사는 곳, 내가 일하는 곳, 내가 사람들과 만나는 이곳이 바로 하나님이 나에게 주신 '전도하기에 가장 좋은 장소'다.

5_믿을 것 같은 사람에게 전도해라

마귀는 우리에게 이렇게 속삭인다.

"한눈에 봐도 저 사람은 믿지 않을 사람이야. 안 믿게 생겼어. 복음을 전해 봐야 시간 낭비일 뿐이야."

그러나 우리는 전도할 때 하나님 아버지의 시선으로 영혼을 바라봐야 한다. 잃어버린 양을 찾는 주님의 마음으로 사람들에게 복음을 전해야 한다.

나는 27살이 되어서야 비로소 예수님을 믿게 되었다. 그 이유는, 그동안 나에게 복음을 전해 주는 사람이 아무도 없었기 때문이다. 중고등학교 때, 반 친구 중에 교회에 다니는 아이들도 여럿 있었다. 쉬는 시간에 성경책을 꺼내 읽는 아이도 있었다. 그런데 나에게 예수님을 소개해 준 친구는 하나도 없었다. 그 누구도 "우리 교회에 한번 같이 가 볼래?" 하고 나를 초대해 준 사람이 없었다.

사람들은 속단하기를 잘한다.

"척 보면 알지. 왜 몰라? 이 사람은 인텔리여서 안 돼. 저 사람은 무속인이어서 안 돼. 저 사람은 술을 너무 좋아해서 안 돼. 저 사람은 담배를 피워서 안 돼, 저 사람은 몸에 문신이 많아 안 돼, 저 사람은 교만해서 안 되고, 저 사람은 강퍅해 보이니 안 돼…."

이래서 안 되고, 저래서 안 된다며 전도를 안 한다. 그러다 어느 날, 예수님을 믿을 것 같은 사람이 눈에 들어와 다가가 말을 걸어 보면, 이미 교회에 다니는 그리스도인인 경우가 많다. 결국, 척 보고 속단하다 보면 주위에 전도할 만한 사람이 하나도 없게 된다.

6_전도의 은사가 없으면 나서지 마라

마귀는 우리에게 이렇게 속삭인다.

"너는 전도의 은사가 없어서 안 돼. 너 말고도 전도할 사람 많아. 네가 안 해도 다른 교인들이 전도할 테니, 걱정하지 마!"

문제는 모든 교인에게 이렇게 속삭인다는 것이다.

실제로 교인 수가 5,000명 정도 되는 어떤 큰 교회에서 11월 달 총동원 전도 주일 행사를 기획했다. 모든 교인이 불신자를 한 명씩 초청하는 것을 목표로, 연초부터 담임 목사가 매주 광고하며 교인들을 독려했다. 행사일이 다가오자 많은 사람이 초청될 것으로 예상하여 교회에서 선물과 음식을 넉넉히 준비했다. 그런데 막상 총동원 전도 주일이 되자 교회에 새로 온 사람은 37명에 불과했다. 그마저도 대부분 그날 행사에만 참석하기로 약속하고 온 사람들이었다. 총동원 전도 주일을 기획하고, 몇 달 동안 준비하여 큰 경비를 지출했는데, 그저 일회성 행사로 끝나고 말았다.

왜 이런 일이 벌어질까? 교인들이 저마다 "우리 교회에 성도들이 이렇게 많은데, 나 한 사람쯤 전도 안 한다고 티가 나겠어? 나

아니어도 다른 사람들이 초청해 올 거야" 하고 생각하며 불신자를 초대하지 않았기 때문이다. 생각보다 많은 교회가 이런 실패의 경험을 매년 반복하곤 한다.

7_ 믿을 사람은 믿게 되어 있다

마귀는 우리에게 이렇게 속삭인다.

"고생하면서 전도할 필요 없어. 하나님이 선택하신 사람은 언젠가는 다 구원받게 되어 있다고! 뭐 하러 힘들게 전도하고 돌아다니니? 설마 하나님의 능력을 믿지 못하는 거야?"

마귀는 신학적 사실과 거짓을 교묘하게 섞어 우리를 혼란에 빠뜨리고, 우리의 사명감과 실천력을 떨어뜨리곤 한다. 만약 마귀의 말이 맞는다면, 예수님이 우리에게 사명을 잘못 주신 것이다. 주님의 제자들은 쓸데없이 복음을 전하다가 순교한 것이다. 만약 믿음의 선배들이 마귀의 속삭임에 넘어가 전도하지 않았더라면, 인류의 대부분은 아직도 예수님을 알지도 믿지도 못했을 것이다. 복음이 전파되지 않았을 것이기 때문이다. 구원받을 사람은 제한이 있을지라도 복음을 들을 사람은 제한이 없다.

8_ 아이들은 복음보다 공부가 먼저다

마귀는 우리에게 이렇게 속삭인다.

"어린아이들이 뭘 알겠어? 어른도 복음을 잘 모르는데, 애들에게는 전도하지 마. 아이들은 공부하고 숙제나 해야 돼."

아이들에게 있어 복음을 들을 때가 따로 있단 말인가? 자녀들이 어느 정도 크고 나면, "이제 컸다고 부모 말도 안 듣고, 교회도 안 가겠다 하네요" 하고 후회하는 성도들이 많다. 마귀에게 속아 가장 전도하기 쉬울 때를 놓쳐 버린 결과다.

한번은 유명 신학교의 부흥회에 강사로 초청되어 갔는데, 강의가 끝난 뒤 한 학생이 이런 질문을 했다.

"강사님, 저는 유년부를 맡고 있는 교육 전도사입니다. 어린이 전도는 어떻게 해야 합니까?"

그 학생에게 이렇게 대답해 주었다.

"어린이는 엄마처럼 자신이 신뢰하는 사람의 말을 듣습니다. 부모가 아닌 사람이 어린이에게 전도하려면, 먼저 아이에게서 신뢰를 얻은 후에 복음을 전해야 합니다."

아내가 선교지에서 4~6세 대상의 유치원을 운영하며 아이들과 엄마들에게 복음을 전했는데, 그때 복음에 대한 아이들의 반응이 나이에 따라 차이가 크다는 것을 알게 되었다. 4세 아이들에게는 복음의 내용을 그 아이 수준에 맞추어 그림이나 이야기로 설명해 주면, 의외로 쉽게 복음을 이해하고 받아들인다. 물론, 아이들이 유치원 원장인 아내를 좋아하고 신뢰하기에 가능한 일이었다.

그런데 6세만 되어도 벌써 복음을 듣는 아이들의 눈빛이 달라진다. 의심과 경계의 빛을 보이고, 설명을 안 들으려고 한다. 심지어 반항하며 거절하기까지 한다.

"우리 엄마가 유치원에서 종교를 강요하면 안 된다고 했어요. 싫어요. 난 예수 안 믿을래요."

너무 당돌한 태도에 아내가 상처받을 정도였다.

어른도 처음 만난 낯선 사람에게 복음을 전하기가 쉽지 않다. 그러나 서로 신뢰 관계가 형성되어 있는 사람에게 복음을 전하는 것은 그다지 어렵지 않다. 그래서 복음을 전할 때 관계 전도가 필요한 것이다.

어린이는 신뢰하는 사람에게 마음을 연다. 복음의 내용을 아이 수준에 맞추어 쉽게 설명하면 아이는 이해하고 복음을 받아들인다. 그러므로 '공부가 먼저'라는 말에 속아, 아이들에게 일찍 복음을 전할 기회를 놓치지 말아야 한다.

9_살기도 바쁜데 괜찮다

진정한 평안은 주 안에 있고, 주님으로부터 온다. 주님은 평안을 주시는 분이다. 주님은 항상 "너희에게 평강이 있을지어다"(요 20:19, 26)라고 말씀하신다. 그런데 언제부터인지 사람들은 마귀와의 타협 안에서 평안을 얻으려고 한다. 마귀는 "괜찮아"라고 속삭인다.

"괜찮아, 그냥 좀 쉬어, 오늘은 너를 위해 살아. 올해도 한 사람은 전도했잖아. 다른 사람은 몇 년째 한 명도 못했어. 살기도 바쁜데 그 정도 하면 됐어. 전도 안 해도 괜찮아."

마귀는 사실에 거짓을 보태거나 부풀리고, 어느 정도는 말씀에 불순종해도 괜찮다며 사람들을 속이고 거짓 위안을 준다.

너희는 너희 아비 마귀에게서 났으니 너희 아비의 욕심대로 너희도 행하고자 하느니라 그는 처음부터 살인한 자요 진리가 그 속에 없으므로 진리에 서지 못하고 거짓을 말할 때마다 제 것으로 말하나니 이는 그가 거짓말쟁이요 거짓의 아비가 되었음이라 요 8:44

마귀는 처음에는 맞는 말을 하는 것 같다가 어느 순간 이상한 방향으로 흘러 이상한 결말로 이끌어 간다. 이단도 마찬가지다. 처음에는 성경을 말하다가 나중에는 자기들 교리를 말하지 않는가! 그들의 말은 결국 다 거짓말이다. 전도는 치열한 영적 전투다. 마귀의 거짓 평안에 속아서는 안 된다.

10_전도할 준비가 안 되어 있다

마귀는 성도의 자신감을 떨어뜨려 전도를 못 하게 한다.

"넌 전도할 준비가 안 되어 있어. 아무나 전도하는 줄 알아? 네 실력으로 어림도 없어, 잘못하면 창피만 당해. 훈련도 받고, 기도도 많이 하고, 성경 암송도 더 많이 해야지. 준비할 게 얼마나 많은데!"

마귀는 우리를 지식, 교리, 신학, 율법의 틀에 가두려고 한다.

"전도하려면 성경 지식이 있어야 하고, 교리도 알아야 하고, 신학도 알고, 구약 율법과 절기도 알고, 기도도 많이 하고, 무엇보다 전도의 은사가 있어야 해. 그런데 넌 준비가 안 되어 있어. 그 정도로는 어림없어, 전도할 수 없어!"

마귀는 전도마저도 율법주의로 재단하여 우리에게서 전도를 멀리 떨어뜨려 놓는다. 아무리 준비해도 모자라고 부족하다고 몰아세운다.

그러나 실제 현장에서 보면, 오히려 초신자들이 전도를 더 잘한다. 예수님을 막 믿은 초신자가 이전의 자신과 비슷한 처지에 있는 사람들에게 더 쉽게 다가가고, 더욱 열정적으로 복음을 전한다.

교리화되고 틀에 박힌 전도 방식으로는 복음의 능력을 체험하기가 어렵다. 죽은 지식은 살아있는 사람을 변화시킬 수 없다. 준비가 안 되었으면 안 된 대로 전도하고, 준비되면 된 대로 입을 열어 전도해야 한다. 그다음 일은 성령의 역사에 맡겨야 한다.

세상에서 가장 어리석은 사람은 누구인가? 마귀가 기뻐하는 일을 하는 사람이다. 마귀는 교회에 다니는 교인을 두려워하지는 않지만, 전도하는 사람은 두려워한다. 그러므로 전도하지 않는 것은 누구를 돕는 일인가? 결국, 마귀를 돕는 것이다. 우리 인생이 마귀를 돕는 인생으로 끝나게 해서는 안 된다.

CHAPTER 2
변질된 복음과 변질된 전도

실제로 해 보기 전에는 모른다

　　전도는 실제로 해 보기 전까지는 안될 것 같은 부정적인 생각이 먼저 든다. 그러나 불신자가 복음을 받아들이면, 너무 기쁘고 참 잘했다는 뿌듯한 마음과 감사로 충만해진다. 그리고 복음을 거절한 사람들도 언젠가는 복음을 받아들이리라는 기대와 소망을 품게 된다.

　　옛날에는 거의 모든 교회가 전도에 진심이었고 전도를 열심히 했다. 교회들은 부흥하여 새 예배당을 짓는 것이 큰 기쁨이며 유행이었고, 교회마다 전도 경쟁을 벌이기도 했다.

　　그런데 지금은 어떤가? 전도하지 않기에 새신자는 찾아보기 힘들고, 교인들은 너무 고령화가 되었다. 신학교의 입학 정원은 미달이고, 대부분 신학교에서는 전도학을 가르치지 않는다. 목사도 교역자도 교인도 전도하지 않는 시대가 되었고, 심지어 자기 자녀에게조차도 복음을 전하지 못하는, 전도의 DNA를 잃어버린 시대가 되었다.

무엇이 문제인가? 어디서부터 변해야 하는가? 무엇을 어떻게 개선하고 바꾸어야 하는가? 이번 장에서는 변질된 복음과 변질된 전도에 관해 알아보고자 한다. 먼저, 복음이 어떻게 변질되었는지 살펴보자.

변질된 복음

변질된 복음은 겉으로는 '복음'처럼 보이지만, 본질적으로는 성경이 말하는 참된 복음에서 벗어난 왜곡된 메시지를 전한다. 그것은 사람들을 진정한 회개와 믿음, 예수 그리스도의 십자가와 부활의 능력으로 인도하지 못하고, 거짓된 확신과 자기중심적 신앙으로 빠지게 한다. 복음이 어떻게 왜곡되고 변질이 되었는지 살펴보자.

1_율법주의로 변질되었다

'율법주의'란 무엇인가? 기독교 신학에서 율법주의(legalism)는 '율법을 지킴으로써 구원을 얻으려는 행위 중심의 구원관'으로, 주로 부정적인 의미로 사용되는 용어다. 율법주의는 믿음으로 구원을 얻는 것이 아니라 율법을 지켜야만 구원을 얻는다고 주장한다.

'오직 믿음으로 의롭다 함을 받는다'라는 '이신칭의'(以信稱義)에 반대되는 구원관이다. 예수님은 바리새인의 율법주의를 매우 강하게 비판하시고, 제자들에게 그들을 본받지 말라고 말씀하셨다.

율법주의는 교회 안에 영적 교만과 판단하는 마음을 갖게 하고, 인간이 만든 기준과 형식과 절차에 얽매이게 한다. 하나님은 우리 마음의 동기를 감찰하신다. 겉으로 보기에는 똑같은 행동이라도 율법주의가 될 수도 있고, 그렇지 않을 수도 있다.

기도 생활을 예로 들어보자. 기도는 하나님과의 대화이고, 영적 호흡이다. 기도는 하나님께서 우리를 변화시키는 데 사용하는 중요한 수단이다. 기도를 통해 하나님의 뜻을 분별하고, 하나님 뜻에 나를 맞추어 가고, 내 마음 안에 역사하는 하나님의 뜻에 순종하는 것이다. 하나님은 이런 기도 생활을 기뻐하신다. 그런데 긴 시간 열심히 기도하는 목적이 하나님이 내 뜻대로 응답하시도록 조종(manipulate)하려는 것이라면, 그것은 전형적인 율법주의적 기도다.

금식 기도도 마찬가지다. 금식하며 기도함으로써 자신의 죄를 회개하고, 하나님의 말씀에 순종하여 맡기신 사명을 더욱 잘 감당하려는 금식을 하나님은 기뻐하신다. 그런데 자기 뜻을 관철하기 위해, 또는 자기가 원하는 결과를 얻기 위해 하나님을 압박하는 수단으로 금식을 사용한다면, 이것은 율법주의가 된다.

율법주의적 예배는 어떠한가? 율법주의적 예배는 형식과 절차에 지나치게 집중한다. 하나님의 임재나 신령과 진정으로 드리는 예배와는 거리가 멀다. 예배의 본질을 추구하기 보다는 예배의 비본질적인 요소인 형식과 절차와 순서에 얽매이는 예배다.

예수님은 마음은 멀고 입술로만 드리는 형식적이고 율법주의적 예배를 위선적이고 사람 중심의 헛된 예배라고 말씀하신다.

> 외식하는 자들아 이사야가 너희에 관하여 잘 예언하였도다 일렀으되 이 백성이 입술로는 나를 공경하되 마음은 내게서 멀도다 사람의 계명으로 교훈을 삼아 가르치니 나를 헛되이 경배하는도다 하였느니라 하시고 **마 15:7-9**

전도도 마찬가지다. 다른 사람을 사랑하고 긍휼히 여기는 마음으로 전도하는 것이 아니고, 예수님이 주신 복음 전파의 사명에 순종하여 전도하는 것도 아니고, 예수님의 십자가 사랑과 대속의 희생에 감사하여 전도하는 것도 아니고, 복음의 참 의미를 알고 전도하는 것도 아닌, 단지 교인 수를 늘리기 위해, 큰 교회 만들기 위해, 교세를 과시하기 위해 전도한다면, 그것은 율법주의적 전도라고 할 수 있다. 전도가 율법주의로 변질되면, 단순한 종교 행위에 불과하게 된다.

율법은 우리가 죄인임을 깨닫게 하며, 죄인이 스스로 율법을 온전히 지킬 수 없다는 것을 알게 한다. 율법은 예수 그리스도의 순종과 십자가 대속을 통해 완성되었고, 율법이 요구하는 의는 그리스도 안에서 성취되어 믿는 자에게 전가되었다(롬 8:3-4; 마 5:17). 그러므로 예수 그리스도를 믿는 자는 예수님의 완전한 의가 전가되어 하나님 앞에서 의롭다 하심을 얻게 되는 것이다(빌 3:9; 고후 5:21; 웨스트민스터 신앙고백 11장 1항).

영국의 복음주의 신학자 알리스터 맥그래스(Alister McGrath)는 이렇게 말한다.

"복음은 우리를 묶고 있는 죄의 권세를 깨뜨리실 유일한 구원자가 예수님이심을 소개하는 것이다."

전도는 해야만 하는 것이 아니라 그리스도인의 삶 그 자체다. 한 사람의 그리스도인으로서 산다는 것은 복음을 전하면서 사는 것이다. 모든 거듭난 그리스도인은 예수님을 전하도록 디자인되어 있기 때문이다.

2_ 인본주의로 변질되었다

"예수 믿으면 물질 축복을 받고, 병 고침을 받고, 자녀들이 공부 잘하고, 사업도 번창하고 만사가 형통하게 됩니다. 그러니 예수 믿으세요!"

많은 사람이 이런 식으로 복음을 전한다. 특히 선교지에 가면 더욱 그렇다. 그러나 미국의 유명 TV 전도자 베니 힌(Benny Hinn) 목사의 조카 코스티 힌(Costi Hinn) 목사는 자신의 삼촌이 전해 온 '번영 복음과 축복 복음'은 틀렸다고 비판하며 이렇게 말했다.

"예수님은 당신의 행복과 건강, 그리고 부유함을 위해 죽으신 것이 아니라 당신을 구원하고, 거룩하게 하고, 죄에서 풀어 주려고 죽으신 것입니다."

The biblical Jesus didn't die to make you happy, healthy and wealthy, but to save, sanctify and set you free from sin.

예수님은 우리의 건강, 부귀, 안전, 성공, 형통 등을 위해 죽으신 것이 아니다. 우리를 죄에서 구원하기 위해 죽으셨고, 죄로 인해 깨어진 하나님과의 관계를 회복하고, 다시 화목하게 하려고 십자가에서 죽으셨다.

우리가 주님의 십자가를 세속적인 시각으로만 바라본다면, 세상의 불신자들처럼 눈에 보이는 육체적인 삶만을 추구하며 살아갈 수밖에 없다. 우리가 세상과 돈을 사랑하는 마음을 바꾸지 않는다면, 복음을 오해한 신앙의 결국은 예수님을 배반한 가룟 유다처럼 될 수밖에 없다. 한때 어떤 사람들이 "배고픈 자들에게는 빵이 곧 예수다"라고 외친 바 있다. 그런 논리라면, 배고픔이 해결되어 배부르게 되면 예수님은 필요 없게 된다는 뜻이 아니겠는가.

예수님을 믿지 않는 사람 중에도 무병장수하고, 공부 잘하고, 돈 잘 벌고, 정직한 사람은 얼마든지 있다. 예수님을 믿지 않고도 세상적으로 성공한 사람에게 이런 식으로 복음을 전한다면, 그 사람은 이렇게 말할 것이다.

"복음이 그런 것이라면, 나보다는 당신에게 더 필요할 것 같군요. 나는 필요 없으니, 당신이나 잘 믿으세요."

복음은 부자든 가난한 사람이든, 건강한 사람이든 병자든, 아이나 어른이나 모든 사람에게 복된 소식이 되어야 한다. 복음은 어느 시대든 누구에게나 항상 좋은 소식(Good News)이어야만 한다.

3_조건절로 변질되었다

구원의 주체는 누구인가? "만약 당신이 예수님을 믿는다면", 이런 식으로 전도를 하게 되면, 믿음의 결정권을 전도 대상자에게 넘겨주게 된다. 이로써 구원의 주체가 예수님이 아니라 자기 자신이 되어 버린다. 내가 예수님을 선택해 믿은 것이 되고, 자신이 신앙의 출발점이며 구원의 출발점이 된다.

"I believe in Jesus"를 한국어로 옮기면, "나는 예수님을 믿는다"

로 번역된다. 중국어로는 "我信耶穌"(워신예수), 곧 "나는 믿는다 예수님을"이다. 그런데 영어 문장을 직역하면, "나는 예수님 안에서 믿는다"가 된다.

> 그리하여 거기서 많은 사람이 예수를 믿으니라 요 10:42
>
> And in that place many believed in Jesus John 10:42, NIV

이 구절을 헬라어 원어로 보면, 다음과 같다.

> καὶ πολλοὶ ἐπίστευσαν εἰς αὐτὸν ἐκεῖ.
> (카이 폴로이 에피스튜산 에이스 아우톤 에케이)

"많은 사람이 예수를 믿으니라"에서 전치사 에이스(εἰς)가 쓰였다. 헬라어 전치사 '에이스'(εἰς)는 "안으로"라는 뜻을 가진다.

믿음에는 대상이 필요하다. 대상이 없으면, 믿을 수가 없다. 우리 믿음의 대상은 예수 그리스도이시다. 그러므로 신앙의 주체는 '나'가 아닌 예수 그리스도가 되어야 한다. 예수님을 믿는다는 것은 내가 예수님 안으로 들어가고, 예수님이 내 안으로 들어오신다는 뜻이다. 즉 그리스도와 연합한다는 것이다.

의외로 많은 사람이 자신이 예수님을 선택하여 믿은 것처럼 말한다. 어떤 이는 이런 궤변을 늘어놓기도 한다.

"내가 예수님을 신으로 만들어 드린 것이니 예수님이 내게 평생 복을 주고 고마워해야 합니다."

얼마나 샤머니즘적인 사고방식인가. 또 어떤 사람은 이렇게 말하기도 한다.

"요즘 예수님이 진짜 마음에 안 들어요. 내가 얼마나 열심히 기도했는데, 내 말을 들어주질 않아요."

선교지에서 만난 한 유명 대학 교수는 성경 공부 시간에 이런 말을 하였다.

"목사님, 제가 여러 종교 중에서 예수님을 선택해 믿기로 결심하고 영접 기도까지 했으니, 구원을 받는 데 있어 제 공로가 크지요?"

나는 거듭 구원이 예수 그리스도의 십자가 구속의 은혜요 전적인 하나님의 은혜임을 그에게 설명해 주었지만, 그는 동의가 안 되는지 계속 나를 설득하려고 들었다. 미국에서 신학교를 다닐 때, 심리학 교수가 수업 시간에 "상대방이 어떤 의견을 계속 강하게 주장하면, 일단 어느 정도 공감해 주는 것이 필요하다"라고 가르쳐 준 것이 생각나서 그에게 이렇게 말해 주었다.

"생각해 보니, 당신이 자신의 구원을 위해 스스로 공헌한 것이 하나 있긴 있네요."

그가 눈을 반짝이며 "그렇지요?" 하며 내 말이 이어지길 기다렸다.

"그건 바로 당신의 죄입니다. 만일 죄가 없다면, 예수님의 대속은 당신에게 필요가 없습니다. 당신의 엄청난 죄들이 당신의 구원에 큰 공헌을 했군요."

그는 내 말을 이해했는지 얼굴이 빨개지면서 고개를 숙였다.

구원이란, 자기 스스로 능력을 의지해서는 해결할 수 없는 일이나 절체절명의 위급한 상황에서 구조를 받을 때 사용되는 단어다. 내가 가진 능력을 100% 쏟아붓는다 해도 내 죄에 내려지는 하나님의 심판과 형벌로부터 나를 스스로 구원할 수는 없다. 그래서 예수 그리스도의 대속이 필요한 것이다. 그런데 하나님은 이 귀한 구원을 값없이 우리에게 주신다. 이것이 은혜다.

4_불확실한 메시지로 변질되었다

확신에 차서 전해야 할 복음이 추측과 가능성의 메시지로 변질되어 버렸다. 영어로 말하자면, "may be"(어쩌면, 아마도)나 "will"(~일 것이다)과 같은 표현으로 복음을 전한다.

어느 불신자가 자기에게 복음을 전하는 어느 교회 교인에게 "예수님을 믿으면, 죽어서 진짜로 천국에 가나요?" 하고 물었다. 그러자 그 교인이 "아마 그럴걸요? 우리 교회 목사님이 그렇게 말씀하시던데요"라고 대답했다. 불신자가 또 물었다. "그럼, 엄청난 죄를 지어도 천국에 갈 수 있나요?" 교인이 대답했다. "목사님에게 물어봐야 하지만, 그건 좀 어렵지 않을까요?" 그러자 불신자가 "제대로 알지도 못하면서, 무슨 전도를 합니까?" 하고 핀잔을 주었다는 일화가 있다.

복음은 변함이 없지만, 사람들의 세계관은 시대에 따라 변하고 바뀐다. 불확실한 메시지가 아니라 확신을 가지고 복음을 전해야 한다. 그러므로 전도하기 위해서는 기본적으로 전도 훈련이 필요하다. 전도 훈련은 평생 훈련이다.

5_감정에 호소하는 메시지로 변질되었다

어떤 사람은 복음을 전할 때, 예수님을 문밖에 외롭게 서서 문을 두드리는 가련하고 불쌍한 분으로 묘사하곤 한다. 인간의 측은지심을 자극하는 전도법이라고 할 수 있다. 하지만 예수님은 외롭고 불쌍한 분이 아니시다. 만왕의 왕이요 만주의 주(主)이시다.

> 볼지어다 내가 문밖에 서서 두드리노니 누구든지 내 음성을 듣고 문을 열면 내가 그에게로 들어가 그와 더불어 먹고 그는 나와 더불어 먹으리라
> 계 3:20

이 구절은 예수님이 불신자들에게 하신 말씀이 아니라 이미 복음을 받아들이고 예수님을 구주로 믿고 있는 라오디게아 교회에 주신 책망의 말씀이다. 뜨겁지도 차지도 않은 라오디게아 교인들에게 회개를 촉구하는 말씀이다. "문밖에 서서"의 "문"은 라오디게아 교인들이 회개하여 마음의 문을 열고 주님과 단절되었던 관계를 다시 이어 가야 한다는 뜻으로 쓰였다(조지 엘든 래드).

주님이 문밖에서 문을 두드리고 있다는 말을 들으면, 갑자기 추운 겨울날 현관문 열쇠가 없어 식구들 올 때까지 집 밖에서 떨고 있던 자신의 옛 모습을 생각하거나, 비가 억수로 내리는 날 비에 젖어 떨고 서 있던 옛날 기억을 떠올리면서, '예수님이 문밖에 서서 문을 두드리며 떨고 계시다는데, 내가 예수님께 축복은 못 받을지언정 이러면 안 되지. 예수님! 제가 그냥 믿어 드릴게요'라고 반응하는 사람들도 있다.

인간의 감정은 가변적이므로 의지할 대상이 못 된다. 그러므로 감정에 호소하는 전도 방법으로는 좋은 신앙의 열매를 맺기가 어렵다.

6_조직 신학으로 변질되었다

어떤 사람은 그리스도의 복음을 전하기보다 자신의 신학적 지식이나 조직 신학의 교리를 전달하곤 한다. 조직 신학자 찰스 하지(Charles Hodge)는 조직 신학(systematic theology)을 이렇게 정의했다.

"조직 신학은 기독교 교리를 논리적인 순서로 정리하려는 시도다."
Systematic theology is the attempt to put Christian doctrine in a logical order.

좀 더 구체적으로 말하자면, 성경 전체에서 중요하게 다루는 주제들을 신학자들이 관련된 성경 말씀을 선별하고 정리하여 이를 교리로 체계화한 학문이다.

코로나19 팬데믹 시기를 거치면서 많은 신학교가 온라인 수업 프로그램을 개설하여 이전보다 조직 신학을 더욱 쉽게 공부할 수 있게 되었다. 인터넷을 통해 조직 신학을 개인적으로 공부하는 사람도 있고, 교회 소그룹의 리더로서 신학적 소양을 갖추기 위해 공부하는 사람도 있고, 신앙과 상관없이 지식욕으로 공부하는 사람도 있다.

사람들은 조직 신학자들이 인용하는 성경 구절들을 중요시하고, 즐겨 암송한다. 문제는 조직 신학자들에 의해 선택되지 않은 수많은 구절이 덜 중요하거나 중요하지 않은 것으로 취급된다는 것이다.

신학의 기본은 "구분은 하지만, 분리하지 않는다"이다. 그런데 언제부터인지 하나님의 말씀이 중요한 말씀과 중요하지 않은 말씀으로 분리되어 버렸다.

예를 들어보자. 많은 사람이 마태복음 11장 28절을 자주 암송하곤 한다.

> 수고하고 무거운 짐 진 자들아 다 내게로 오라 내가 너희를 쉬게 하리라 마 11:28

성구를 새긴 액자를 보면, 대부분 이 구절이 쓰여 있다. 그런데 사람들은 이어지는 29절은 그다지 좋아하지 않는다.

> … 나의 멍에를 메고 내게 배우라… 마 11:29

사람들은 '십자가를 지고', '고난의 멍에를 메고', 이런 단어는 좋아하지 않는다. 평안과 축복은 좋지만, 주를 위한 고난과 희생은 부담스러워 피하려고 한다.

또 많은 사람이 좋아하는 구절이 누가복음 12장 32절 말씀이다.

> 적은 무리여 무서워 말라 너희 아버지께서 그 나라를 너희에게 주시기를 기뻐하시느니라 눅 12:32

무슬림 국가나 공산국가 같은 10/40 창(window) 지역에서 가정 교회를 개척해 선교하는 선교사들과 현지 사역자들에게 이 말씀은 무척 큰 위로가 된다.

6~7명의 적은 인원이 숨죽이며 은밀히 예배를 드릴 때, "적은 무리여 무서워 말라 너희 아버지께서 그 나라를 너희에게 주시기를 기뻐하시느니라"(눅 12:32)라는 말씀이 얼마나 큰 은혜가 되고, 위로와 격려가 되는지 모른다. 그런데 이어지는 그다음 구절에서는 격려와 위로를 전혀 얻지 못한다.

너희 소유를 팔아 구제하여… 눅 12:33

가진 것도 없고 부족한 것투성인데 그나마 가진 것을 팔아 구제하라니…. 사람들은 이 말씀을 통해 그다지 은혜를 받지 못한다.

성도들은 은혜가 되고 위로가 되는 말씀만을 선택해 암송하는 경향이 있다. 이러다 보면, 성경을 전체적으로 이해하기보다는 편협되고 왜곡된 시각을 갖게 될 위험성이 있다.

사람들은 복음의 내용을 교리화하길 좋아한다. 어떤 사람은 "예수님이 우리 죄를 위해 십자가에서 죽으셨습니다"라고 앵무새처럼 되뇌곤 한다. 기계적으로 반복하는 말씀에는 생명력이 없다. "무궁화 꽃이 피었습니다"와 별다를 게 무엇인가?

복음을 지식과 신학적 교리로 전달하려는 유혹을 내려놓고, 전도 대상자를 위해 기도하고, 그 사람의 필요를 섬기며, 주님의 사랑 안에서 자신에게 진정으로 복음이 된 십자가 복음을 전해야 한다.

7_천국행 티켓으로 변질되었다

오늘날 복음은 종종 변질되고 왜곡된 형태로 전해진다. 그중 하나는 복음이 천국행 티켓을 얻는 것으로 축소되고 왜곡되는 것이다. 복음은 죽은 뒤에만 필요한 것이 아니라 현재의 삶에 절실히 필요한 것이다. 복음을 천국 가는 방법 정도로만 이해한다면, 복음은 삶을 변화시키는 능력을 잃고 만다. 복음의 본질은 단지 죽음 이후의 보장에 있지 않다. 복음은 지금 나의 삶에서 하나님의 통치가 시작되는 사건이다.

예수님은 공생애를 시작하시며 이렇게 선포하셨다.

> 이르시되 때가 찼고 하나님의 나라가 가까이 왔으니 회개하고 복음을 믿으라 하시더라 막 1:15

> …회개하라 천국이 가까이 왔느니라 하시더라 마 4:17

주님은 단 한 번도 "천국에 가기 위해 이렇게 기도하라"라고 말씀하신 적이 없다. 예수님의 메시지는 늘 "하나님의 나라"였다. 하나님 나라는 하나님이 왕이 되시어 통치하는 나라다. 하나님의 말씀과 뜻이 우리 삶을 다스리고 이끌어 가는 나라다. 복음은 단지 '어디로 가느냐'의 문제가 아니라 '누구의 다스림 아래 사느냐'의 문제다.

예수님이 "천국이 가까이 왔다"라고 하셨을 때, 그 말씀은 곧 하나님 나라의 임재와 통치가 시작되었음을 의미한다. 하나님 나라는 미래에 올 것이 아니라 예수님 안에서 이미 도래한 현실이다. 예수님이 이 땅에 오심으로써 하나님 나라가 시작되었다. 복음을 받아들인다는 것은 단지 '천국 가는 티켓'을 받는 것이 아니다. 예수님을 나의 구주로 믿는다는 것은 곧 주님이 나의 왕이 되시고 주인 되심을 인정하고, 주님의 통치를 받으며 살아가는 삶으로 들어가는 것을 의미한다.

하지만 오늘날 많은 그리스도인이 반쪽 복음에 젖어 여전히 자기가 주인 되어 살아간다. 회개는 자기가 편리한 대로 하고, 순종은 선택 사항이고, 제자도는 부담스러운 요구로 생각한다. 참된 복음은 반드시 회개를 요구하고, 삶의 주권을 하나님께 돌리는 전 인격적인 항복을 요구한다. 복음은 결코 단순한 천국행 티켓이 아니다. 복음은 지금 현재의 자리에서 예수님을 내 삶의 주인, 왕, 통치자로 모시는 삶이다. 그 순간부터 천국은 먼 미래가 아닌, 오늘의 현실이 된다. 이것이 복음의 진정한 능력이다. 복음을 진실로 받아들인 사람은 삶이 바뀔 수밖에 없다. 생각과 말과 행동과 우선순위가 바뀌고, 인생의 주권자가 바뀐다. 복음은 나의 삶 전체를 송두리째 변화시키는 하나님 통치의 시작이다.

변질된 전도

변질된 전도는 복음의 본질을 흐리거나 왜곡된 동기와 방법으로 행해지는 전도를 말한다. 변질된 전도는 복음을 오해하게 만들고, 거짓된 확신을 심어 주며, 사람들을 참된 구원이 아닌 종교적 활동으로 이끌 위험성이 있다. 전도가 어떻게 변질되었는가?

1_스트레스가 되어 버렸다

세상 사람들에게 복음(Good News)은 가장 좋은 소식, 가장 기쁜 소식이 되어야 하는데, 언제부턴가 듣기 싫은 소식(Bad News)이 되어 버렸다. 복음 전도가 전하는 사람이나 듣는 사람이나 양쪽 모두에게 스트레스가 되어 버린 것이다.

복음을 전하는 데 기쁨이나 감사가 없고 스트레스만 있다면, 그것은 잘못되어도 한참 잘못된 것이다. 다른 사람에게 복음을 전하기 전에 먼저 복음이 나 자신에게 진정으로 복된 소식인가부터 점검해 봐야 한다. 어쩌면 타인의 전도보다는 자기 자신의 복음화가 더 필요할 수도 있다.

2_귀한 복음이 아주 값싼 것이 되어 버렸다

은혜는 믿는 자에게 값없이 주어졌지만, 예수님의 생명을 값으로 치른 값비싼 선물이다. 참된 은혜는 반드시 회개와 순종의 열매로 나타난다(눅 9:23).

어느 추운 겨울날, 전철역을 향해 걸어가다가 길거리에서 작은 홍보용 휴지를 나누어 주며 전도 활동을 하는 사람들을 보았다. 어깨에는 교회 이름이 쓰인 휘장이 둘려 있었는데, 선거 운동원처럼 행인들에게 인사하며 교회 홍보지와 작은 일회용 휴지를 나누어 주고 있었다. 휴지 포장지에는 교회 이름과 주소 그리고 요한복음 3장 16절이 인쇄되어 있었다.

지나가는 사람들은 무반응이거나, 홍보용 휴지를 안 받으려고 몸을 피하거나, 아예 길 건너편으로 건너가는 사람들도 있었다. 교회에서 나온 사람들은 안 받으려는 사람들을 쫓아가 주머니에 휴지를 찔러 넣어 주거나 계속 따라가며 받으라고 말했다. 어떤 사람은 거절하지 못하여 받기는 했지만, 전철역 입구에서 쓰레기통에 던져 버리고 가기도 했다.

한 여성 교인이 내게 다가와 아무 말 없이 홍보지와 휴지를 쑥 내밀었다. 나는 짐짓 모른 체하며 "어느 교회에서 나오셨나요?" 하고 물었다. 그런데 그녀는 내 말은 무시한 채 "네, 받으세요" 하고는 재빨리 다른 사람에게 다가가 휴지를 내밀었다. 마치 자기가 맡은 할당량을 빨리 해치우려는 듯 보였다.

나는 그것을 보면서 세상에서 가장 귀한 복음이 아주 값싼 휴지의 가치로 전락했다는 느낌을 받았다. 귀중한 것은 귀중하게, 가치 있는 것은 가치 있게, 중요한 것은 중요하게 다루고 전달하는 것이 필요하다. 아무것도 안 하는 것보다는 낫다고 말하는 사람들도 있을 것이다. 그러나 최소한 사람들에게 휴지를 주면서 짧은 복음의 핵심 내용이라도 친절하게 말하면 좋겠다는 생각이 들었다.

그리고 불신자들이 '나도 저 교회에 가면 추운 겨울 길거리에서 이런 싸구려 휴지를 나눠 주어야 하나?'라는 생각을 할 수도 있다는 점을 고려하면서 전도해야 한다는 생각이 들었다. 자칫 이런 방식의 전도가 기독교에 관심을 갖게 된 사람들로 하여금 오히려 대형교회를 찾게 만드는 결과를 초래할 수 있다.

3_구걸과 애원으로 변질되었다

어떤 사람은 전도할 때 대상자에게 애원하고 사정한다.

"제발 예수님을 믿으세요. 제발 우리 교회에 한 번만 나와 주세요. 부탁할게요, 제발요."

계속 애원하고 부탁을 하니 마지못해 교회에 나오는 사람도 있다. 그런데 이렇게 해서 교회에 나온 사람은 교회가 자기에게 특별 대우를 해 주어야 된다고 생각한다. 교회에 한 번만 나와 달라고 부탁하고 사정해서 나왔으니, 당연히 자신이 교회에서 특별 대우를 받아야 한다고 생각하는 것이다.

이런 사람들은 항상 세상적인 시각과 세계관으로 교회와 목회자와 교인들을 바라보고 판단한다. 사사건건 불평불만을 일삼다가 결국 교회에서 문제 일으키고 교회를 떠나는 경우가 많다. 처음부터 복음과 관련 없이 교회에 왔기 때문에 신앙이 올바르게 성장하고 결실을 맺기는 어려운 것이다.

문제는 여기서 그치지 않는다. 다른 교인들이 이런 사람을 누가 교회에 데려왔느냐며 전도한 교인을 탓하면, 그 교인마저 시험에 들어 교회를 떠나게 된다. 변질된 전도 방법 때문에 교회가 이처럼 어려움에 빠지게 되는 것이다.

내가 일본에서 예수님을 영접하고 나서 처음 전도한 형제에 대한 간증을 소개하고자 한다. 동경에 도착한 첫날, 나는 장로교 선교사님으로부터 복음을 듣고 예수님을 믿게 되었다. 예수님을 나의 구주로 고백하는 영접 기도를 할 때, 사도행전에서처럼 성령세례를 받았다. 선교사님의 집을 나와 전철역을 향해 걸어가는데,

1시간 전과는 세상이 너무 달라 보였다. 가로수의 나뭇잎이 햇빛과 바람과 하나 되어 조화를 이루며 창조주 하나님을 춤추며 찬양하는 것 같았다. 그뿐만 아니라 거리를 가득 메운 사람들을 보며, 나도 모르게 "저 사람들도 어서 예수님을 믿어야 할 텐데…" 하고 혼잣말을 내뱉었다. 이전에는 한 번도 생각해 본 적이 없는 일이었다.

나는 그 주부터 선교사님을 따라 일본 교회에 다니게 되었는데, 한국인 형제는 나 혼자였고, 대학원과 박사 과정에 다니는 한국 여성 두 명이 있었다. 당시 동경의 방세가 너무 비싸서 나는 경상도에서 온 두 살 어린 유학생과 함께 방을 얻어 살았다.

어느 주일날, 내가 교회에 가려고 옷을 입으며 준비하는데, 그 형제가 나를 불쌍한 눈으로 쳐다보면서 이렇게 말했다.

"형은 일요일인데, 쉬지도 못하고 참 안됐다. 뭐 하러 교회를 다니냐? 일요일인데 늦잠이나 잘 것이지…. 나는 오늘 실컷 잠이나 자고, TV나 봐야겠다!"

그다음 주일에도 내가 교회에 가려고 양복을 입고 넥타이를 매면서 콧노래를 흥얼거리자 그가 누운 채로 내게 물었다.

"형, 교회가 그리 좋나?"

"너무 좋아. 교인들도 친절하고, 수준이 높아. 세상 사람들과는 완전히 다르더라고. 한 주 동안 죄로 가득한 세상에 살면서 온

갖 가식적인 말만 듣다가 교회에 가서 목사님에게서 진리의 말씀을 들으니 내 몸과 마음이 깨끗이 정화되는 것 같더라."

그 형제가 부러운 눈빛으로 바라보더니 "그럼, 오늘 딱히 할 일도 없는데, 나도 교회나 한번 가 볼까?"라고 말했다. 나는 정색하며 "안 되지. 너처럼 나쁜 놈이 우리 교회에 오면, 우리 교회가 어떻게 되겠니? 넌 입만 열면 욕하고, 음란한 말이나 하고, 거짓말도 밥 먹듯 하잖아. 괜히 우리 교회 평판만 나빠져, 안 돼!"하고 냉정하게 말했다. 그러자 그도 화가 났는지 "알았다. 오라고 애원해도 안 간다!" 하며 돌아누웠다. 나도 질세라 "그래, 잘 생각했어! 넌 집에서 TV나 봐라"하고는 재빨리 교회로 향했다.

몇 주가 지난 어느 주일날, 교회에 갈 채비를 하고 있는데, 그 형제가 "형! 오늘 나도 형 따라서 교회에 가면 안 돼? 나도 좀 한번 데려가 주라" 하고 말했다. 아마도 내가 교회에 다니면서부터 날마다 기뻐하고, 삶도 좋은 쪽으로 변해 가니 내심 부럽기도 하고, 교회가 어떤 곳인지 궁금하기도 했던 것 같다. 하지만 이번에도 단호하게 "너는 안 된다고 했잖아. 몇 번이나 말해야 알아듣겠어?" 하고 거절했더니, 시무룩한 표정을 지었다.

급기야 그다음 주일에는 그가 교회 가려는 나에게 애원하듯 사정했다.

"형, 제발 나도 교회에 한 번만 데려가 주라. 나도 형처럼 예수님 믿을게. 제발."

당시 나는 예수님을 믿은 지 얼마 안 된 초신자였기에 전도가 뭔지도 모를 때였다. 다만 이런 생각이 들었다. '태어나서 처음으로 만물을 창조하신 하나님께 예배드리러 교회에 가는 데, 장난삼아 데려가는 건 아니다'라고 말이다. 그래서 그에게 이렇게 말했다.

"지금부터 내가 하는 말을 잘 들어야 한다. 알았지?"

그가 알겠다며 고개를 끄덕였다.

"너도 알지? 군대에 가면 기초 군사 훈련부터 받아야 하는 거. 교회도 마찬가지야. 교회에 다니려면, 먼저 기본 훈련을 잘 받아야 해."

그 형제가 진심으로 교회에 가고 싶었는지 "어떻게 하면 되는데?" 하며 적극적인 자세를 보였다. 나는 그날부터 그에게 교인이 되기 위한 기본 훈련을 시키기 시작했다. 세탁소에 양복을 맡기고, 넥타이를 새로 사고, 이발소에 가서 이발하고, 구두도 깨끗이 닦고, 교회에서 어떻게 말하고 행동해야 하는지 예절 교육과 함께 행동 수칙을 반복해서 가르치며 훈련시켰다. 그리고 정신 교육도 철저하게 시켰다.

"일단, 네가 우리 교회에 들어가는 순간 그곳에서 제일 악인은 바로 너야. 거기서 너보다 더 나쁜 사람은 없어."

그도 내 말에 동의하는지 씩 웃었다.

"눈빛은 선하게 하고, 항상 미소를 머금고, 누구를 만나든 양

손을 모으고 정중하게 인사하고, 누구에게든 겸손하게 말하라고! 착한 표정과 공손한 태도를 잊지 마! 알았지?"

일주일 내내 훈련을 시켜서 드디어 주일날 그 형제를 데리고 교회에 갔더니, "어디서 이렇게 신실한 형제를 데려왔어요? 한국에서 어느 교회를 다녔어요? 요즘에 정말 보기 드문 신실한 형제가 왔네요!"라며 만나는 교인들마다 칭찬이 쏟아졌다. 그는 아직 예수님을 믿지도 않았는데 말이다.

그날 집으로 돌아오는 전철 속에서 그가 내게 말했다.

"와! 형 말대로 교회 진짜 좋더라. 오늘 태어나서 칭찬을 제일 많이 받아 본 것 같아. 고마워! 형."

기본 훈련이 잘되어서인지 그 후 그의 신앙은 굉장히 빠르게 성장하였다. 나와 함께 성경 공부반에 참석하고, 기도회에 참석하고, 주보를 들고 나가서 전도하고, 예배당 청소도 같이 하였다. 지금 되돌아보면, 나도 모르게 초신자의 '전도의 골든 타임'을 잘 활용했던 것 같다.

전도의 골든 타임이란 예수님을 믿은 후 가족이나 친구나 지인들에게 복음을 전하고 싶은 마음이 가장 뜨겁고 강할 때를 말한다. 오늘 예수님을 믿은 사람일지라도 자기가 들은 복음의 내용을 성경을 통해 다른 사람에게 전할 수 있다(《누구나 전도》[두란노, 2023]).

4_협박과 저주로 변질되었다

어떤 사람은 전도하다가 전도 대상자와 말다툼을 벌이며 싸우고, 소리를 지르면서 저주를 퍼붓기도 한다.

"당신! 그렇게 예수를 안 믿으면, 결국 지옥에 갈 거야. 알아?"

"지옥은 딱 너 같은 놈이 가라고 있는 거야."

"불쌍해서 좋은 말로 예수 믿으라고 했더니, 잘난 것도 하나 없는 놈이 왜 이렇게 강퍅하게 굴어? 너 같은 놈은 지옥의 땔감이야."

그야말로 복음 전도 현장에 좋은 소식(Good News)이 아닌 나쁜 소식(Bad News)이 난무한다. 이처럼 협박과 저주로 복음을 전하는 것은 결코 성경적인 전도 방식이 아니다.

> 하나님이 그 아들을 세상에 보내신 것은 세상을 심판하려 하심이 아니요 그로 말미암아 세상이 구원을 받게 하려 하심이라 요 3:17

하나님이 예수님을 이 땅에 보내 주신 것은 세상을 심판하려는 것이 아니라 세상을 구원하기 위함이다. 우리가 전도할 때에는 전도 대상자를 존중하며, 필요를 섬기고, 주님의 사랑 안에서 복음의 핵심을 명확히 전달해야 한다.

5_선포할 수 없는 복음이 되었다

예수님은 자신이 누구인지를 분명하게 밝히며 선포하셨다.

예수께서 이르시되 내가 곧 길이요 진리요 생명이니 나로 말미암지 않고는 아버지께로 올 자가 없느니라 요 14:6

예수님은 "내가 곧 길이요 진리요 생명"이니 자신을 통해서만 하나님 아버지께 나아갈 수 있음을 명확히 선포하셨다. 이것이 복음의 핵심이다.

그런데 우리는 불신자에게 복음을 전할 때, 너무 많은 말을 하다가 정작 복음의 핵심을 전하지 못하는 경우가 많다. 애매하게 말하거나 빙빙 돌려 말하고, 별로 중요하지도 않는 예시나 간증들만 길게 늘어놓고, 복음의 핵심 내용을 명확하게 선포하지 못한다. 드라마 줄거리는 잘도 요약하는데, 복음을 전할 때는 횡설수설한다. 어떤 때는 전도 대상자가 듣다가 답답해서 오히려 되묻는다.

"참 답답하게 말씀하시네. 그러니까 교회에 나오라는 거지요? 교회가 어딘데요? 몇 시까지 가면 돼요?"

복음을 선포한다는 것은 물에 빠져 죽어 가는 사람에게 먼저 구명 튜브를 던져 주는 것과 같다. 복음을 던져 명확하게 선포한 후에 필요하면 성경을 통해 부연 설명을 하면 된다. 복음의 내용을 명확하게 선포할 때, 성령의 도우심과 역사하심을 더욱 기대할 수 있다.

나의 경험을 통해 볼 때, 바쁜 현대인의 일상에서 복음의 핵심 메시지를 명확하고 간단하게 나누는 것은 여전히 가장 효과적인 전도 방법 중 하나다.

6_연중행사로 변질되었다

복음 전도는 365일, 그리고 평생에 걸쳐 수행해야 할 사명이다. 고작 1년에 한 번 치르는 행사로 그쳐서는 안 된다. 갈급한 영혼은 매일 우리 곁을 스쳐 지나간다. 우리는 알게 모르게 그들과 만나고 대화를 나눈다. 어떤 사람들은 오늘 당장 복음을 전할 수 있는데도 교회 총동원 전도 주일까지 전도 대상자를 아껴 두는 사람도 있다.

오늘날 스마트폰은 우리에게 또 하나의 사역지다. 스마트폰 안에는 예수님을 믿는 사람들과 믿지 않는 사람들의 연락처들이 있다. 우리는 매일 많은 사람과 문자 메시지를 주고받고, 영상 통화를 하며 교제한다. 직접 만남을 통해서 복음을 전할 수도 있지만, 스마트폰이나 온라인을 통해서도 얼마든지 복음을 전할 수 있다.

전도는 내가 하고 싶을 때만 하는 것이 아니라 예수님의 복음 전파 명령에 순종하는 것이다. 주님의 제자 도마처럼 예수님을 "나의 주님이시요 나의 하나님"(요 20:28)으로 고백한다면, 충심을 다해 복음 전파의 사명을 감당해야 한다.

7_복음 없이 하는 전도가 되었다

전도의 핵심은 복음 전달인데, 정작 복음의 내용 없이 "교회에 나오세요", "우리 교회 한 번 와 보세요", "우리 교회에 좋은 사람들 많아요"와 같은 교회 홍보적 메시지로 전도가 변질되었다. 이는 복음의 중요한 본질인 죄, 회개, 구속, 새 생명을 빠뜨린 전도다. 복음의 핵심이 전달되지 않으므로 죄의 자각이나 회개가 없다. 교회에는 나오지만, 이는 복음의 능력으로 인한 거듭남과는 전혀 상관이 없다.

그 결과, 복음을 모르고 교회만 다니는 종교적 교인이 생기고, 회심 없는 등록자만 늘어 간다. 이러한 전도는 불신자를 진정한 회심으로 인도하지 못하기에, 교회 안에 참으로 '거듭난 신자'를 갈수록 찾아보기 힘들다. 이런 전도가 생기는 이유는 전도자 본인이 복음을 깊이 체험하지 못했거나, 복음 자체에 대한 이해와 훈련이 부족하기 때문이다. 물론, 교회 홍보 방식으로 초대되었어도 설교를 듣고 거듭난 그리스도인이 되는 경우가 드물게는 있다.

그러나 복음 없는 전도는 오히려 해롭다. 가장 위험한 점은, 이렇게 교회에 다니기 시작한 사람들이 스스로를 구원받은 사람으로 착각한다는 것이다. "나 교회 다녀요", "영접 기도 했어요", "세례도 받았어요." 이런 착각은 회개 없는 구원, 믿음 없는 확신, 변화 없는 신앙생활이라는 가짜 복음의 후유증을 낳는다.

이런 교인들로 인해 교회의 평판은 나빠지고, 전도는 더 힘들어지고, 새신자가 와도 정착하기가 힘들다.

구원은 성령의 사역이다

현대인은 속도와 효율성에 민감하다. 복음도 더 빨리, 더 쉽게 전하려고 한다. 이 땅에서 100년을 사는 생명도 태어나기까지 10개월이 걸린다. 열 달을 온전히 보냈어도, 분만이 시작되면 아기가 태어나기까지 보통 10시간 이상 진통을 겪어야 한다. 그런데 우리는 영원한 생명을 낳는데 5분, 3분, 아니 1분 만에 끝내려 한다. 너무 서두르고 대강 빨리 해치우려고 한다.

예수님은 사명을 완수하기 위해 십자가에서 고난과 수치를 당하시고 죽기까지 순종하셨다. 예수님의 제자들도 사명 완수를 위해 온갖 고초를 당하고, 순교까지 당하였다. 그런데 우리는 고생 안 하고 어떻게든 쉽고 편안하게 사명을 감당하려고 한다. 대강 전도하고 나서 "나도 뭔가 했다"라는 자기 위로를 얻으려고 한다. 십자가는 메지 않고, 십자가 보혈의 은혜만을 취하고 누리려고 한다.

만약 예수님이 하나님이 주신 사명을 대강 감당하고자 하셨더라면, 십자가에서 몇 마디 교훈만 남기고 그냥 내려오셨더라면, 지금 아무도 구원받을 수 없다.

구원은 내가 다른 사람에게 주는 것이 아니라 성령의 사역이다. 성령은 예수님을 증거하기 위해 내 안에 오셨다. 우리의 역할은 복음의 내용을 잘 전달하는 것이다. 우리가 복음을 명확하게 선포할 때, 성령께서는 그 진리를 듣는 영혼 안에서 새 생명의 역사를 일으키신다.

> 복음은 우리를 묶고 있는 죄의
> 권세를 깨뜨리실 유일한 구원자가
> 예수님이심을 소개하는 것이다
>
> 알리스터 맥그래스

3

CHAPTER

복음이란 무엇인가?

예수 그리스도가 복음이다

복음(福音, Gospel)은 문자적으로는 "기쁜 소식"(Good News)을 의미하지만, 성경이 말하는 복음은 단순히 일반적인 좋은 소식이 아니라, 하나님의 구원 계획의 메시지다. 복음은 죄로 인해 멸망할 수밖에 없는 인간을 위해, 예수 그리스도가 십자가에서 죽으시고 부활하심으로써 우리를 죄와 사망에서 구원하시고, 하나님과 화목하게 하시며, 지금 이 땅에서부터 하나님 나라의 백성으로 살아가게 하시는 놀라운 하나님의 은혜와 능력의 기쁜 소식이다.

나는 복음을 확실히 알고 있는가? 나에게 복음은 정말로 기쁜 소식인가? 나는 복음을 전하고 있는가? 오늘날 많은 교회가 복음에 대한 열정을 점점 잃어 가고 있다. 복음은 교회가 존재하는 이유다. 복음이 선포되지 않으면 교회는 점차 침체되고, 영적인 영향력도 약해질 수밖에 없다. 오늘날 교회가 다시 회복해야 할 가장 시급한 일은 무엇보다 복음으로 돌아가는 것이다.

> 내가 복음을 부끄러워하지 아니하노니 이 복음은 모든 믿는 자에게 구원을 주시는 하나님의 능력이 됨이라 먼저는 유대인에게요 그리고 헬라인에게로다 **롬 1:16**

복음은 하나님의 능력이다. 곧 모든 믿는 자에게 구원을 주시는 능력이다. 그리스도인은 복음의 능력으로 구원을 얻고, 복음의 능력으로 회개하고, 복음의 능력으로 변화되고, 복음의 능력으로 치료되고 회복되고 성장하며, 복음의 능력으로 사명의 길을 계속해서 걸어간다.

우리에게 놀라운 능력을 주는 이 복음은 무엇인가? 마가복음은 이렇게 시작한다.

> 하나님의 아들 예수 그리스도의 복음의 시작이라 **막 1:1**

예수 그리스도는 복음이고, 복음은 곧 예수 그리스도다.

> 예수 그리스도 = 복음
> 복음 = 예수 그리스도

그리스도란 '기름 부음을 받은 자'라는 뜻의 헬라어로, 히브리어로 쓰인 구약 성경의 '메시아'와 같은 뜻이다. 예수님은 십자가에서 자기 백성의 죄를 대속하신 메시아, 곧 그리스도이시다(롬 3:24-25, 5:6; 고전 1:23, 15:3).

바울은 예수님이 그리스도이심을 유대인들에게 증언하였다.

> 실라와 디모데가 마게도냐로부터 내려오매 바울이 하나님의 말씀에 붙잡혀 유대인들에게 예수는 그리스도라 밝히 증언하니 **행 18:5**

예수님은 어떤 분이신가?

> 아들을 낳으리니 이름을 예수라 하라 이는 그가 자기 백성을 그들의 죄에서 구원할 자이심이라 하니라 **마 1:21**

예수님은 자기 백성을 그들의 죄에서 구원할 자이시다.
예수님은 누구신가?

> 보라 처녀가 잉태하여 아들을 낳을 것이요 그의 이름은 임마누엘이라 하리라 하셨으니 이를 번역한즉 하나님이 우리와 함께 계시다 함이라 **마 1:23**

예수님은 우리와 함께하시는 하나님이다.

하늘로부터 소리가 있어 말씀하시되 이는 내 사랑하는 아들이요 내 기뻐하는 자라 하시니라 마 3:17

예수님은 하나님의 사랑하는 아들이요 하나님이 기뻐하시는 자다.

그러므로 예수님을 나의 구주로 믿으면, 나는 예수 안에서 하나님의 사랑하는 자녀가 되고, 하나님의 기뻐하시는 자가 된다.

복음은 하나님의 의(義)다

첫 인류 아담과 하와의 범죄로 인해 원죄가 후손에게 전가되었다. 모든 사람은 아담의 후예(後裔)이고, 원죄와 자범죄로 인해 영원한 형벌을 피할 수 없는 운명에 처해 있다. 죄인은 자기 자신을 스스로 구원할 수 없다. 죄의 삯은 사망이기에 죄인은 반드시 죄의 대속자가 필요하다.

하나님이 이 땅에 한 의(Righteousness)를 보내셨으니 바로 예수 그리스도이시다.

> 이제는 율법 외에 하나님의 한 의가 나타났으니 율법과 선지자들에게 증거를 받은 것이라 곧 예수 그리스도를 믿음으로 말미암아 모든 믿는 자에게 미치는 하나님의 의니 차별이 없느니라 **롬 3:21-22**

예수님을 나의 구주로 믿는 자는 하나님께 의롭다 하심을 받는다. 그러나 예수님을 믿지 않는 자는 하나님의 독생자의 이름을 믿지 않았기 때문에 여전히 죄 가운데 있으며, 이미 심판을 받은 것이다.

그를 믿는 자는 심판을 받지 아니하는 것이요 믿지 아니하는 자는 하나님의 독생자의 이름을 믿지 아니하므로 벌써 심판을 받은 것이니라 **요 3:18**

"믿지 아니하므로 벌써 심판을 받은 것이니라"
심판은 미래의 사건이기도 하지만, 요한복음에서는 믿지 않는 상태 자체가 이미 심판 아래에 놓여 있는 것이라고 설명한다. 이것은 하나님이 보내신 유일한 구원의 길, 곧 예수 그리스도를 거부했기 때문이다.

"하나님의 독생자의 이름을 믿지 아니하므로"
'하나님의 독생자'는 예수님이며, 구원의 유일한 통로이시다 (요 14:6). 주님의 '이름'을 믿지 않는다는 것은 곧 그분의 구원 능력과 구속 사역을 거부한 것이다.

지옥은 죄 문제가 해결되지 않은 자들이 가는 곳이다. 우리는 예수 그리스도를 믿음으로써 예수 안에서 의롭다 함을 인정받는다. 내가 의롭다 칭함을 받는 것은 나의 어떤 행위나 공로 때문이 아니라, 하나님이 예수 그리스도의 완전한 의를 내게 전가하시고, 그 의를 근거로 나를 의롭다고 선언해 주시는 것이다.

> 이제는 율법 외에 하나님의 한 의가 나타났으니 율법과 선지자들에게 증거를 받은 것이라 **롬 3:21**

> 그리스도 예수 안에 있는 속량으로 말미암아 하나님의 은혜로 값없이 의롭다 하심을 얻은 자 되었느니라 **롬 3:24**

복음은 예수님의 의가 나에게 전가(imputation)되었다는 좋은 소식이다. 전가에 관한 명확한 이해는 복음에 관한 이해와 연결된다. 미국의 청교도 신학자 조나단 에드워즈(Jonathan Edwards)는 "칭의(justification by faith)를 받기 전의 인간 상태가 바로 의의 전가를 필요로 하는 상태"라고 말했다.

《주님은 나의 최고봉》의 저자 오스왈드 챔버스(Oswald Chambers)는 "예수님의 의는 신(信)자에게, 신자의 죄는 예수님에게 '전가'된다. 따라서 예수님 안에 있는 신자는 하나님이 보시기에 '의인'이다. 이는 예수님의 완전한 의가 법적으로 그 신자에게 전가 되었기 때문이다"라고 말했다.

또한 영국의 조직신학자 존 페스코(J. V. Fesko)는 자신의 저서 《삼중 전가 신학》에서 "아담의 죄를 인류에게 전가하고, 신자의 죄를 그리스도에게 전가하고, 그리스도의 의를 신자에게 전가한다"라고 말했다.

예수님이 인간의 모든 죄를 자신에게 전가하심으로써 예수님의 의가 모든 믿는 자들에게 전가되어 칭의를 얻게 되었고, 이것이 바로 복음이다.

장 칼뱅(Jean Calvin)은 "모든 것은 하나님으로부터 말미암고, 우리 자신에게서는 아무것도 나오지 않는다"라고 말했다.

복음은 하나님의 나라다

예수님이 "천국이 가까이 왔다"라고 하셨을 때, 그 말씀은 하나님 나라의 임재와 통치가 시작되었음을 의미한다.

> 이르시되 때가 찼고 하나님의 나라가 가까이 왔으니 회개하고 복음을 믿으라 하시더라 막 1:15

주님의 메시지는 언제나 하나님 나라였다. 예수님은 성경에서 복음을 단지 천국에 가는 방법으로 설명하지 않으셨다. 하나님 나라는 미래에 올 것이 아니라, 예수님 안에서 이미 도래한 현실이다. 주님은 우리를 바꾸러 오셨고, 우리 안에 새로운 생명을 시작하시기 위해 오셨다. 예수님이 이 땅에 오신 이유는 단지 우리가 미래에 죽어서 천국에 들어가게 하기 위함이 아니라 지금 이 땅에서 하나님 나라를 살아가게 하기 위해 복음으로 오신 것이다.

"회개하라"에서 '회개'는 단순히 잘못을 뉘우치는 것을 넘어, 죄를 미워하고 죄에서 떠나 죄로 향하는 방향에서 하나님께로 방향을 바꾸는 것이다. 마귀가 공격할 때 어떻게 해야 할지 모른다면, 그 반대로 하면 된다. 회개는 죄인의 삶에서 돌이켜 의인의 삶을 살겠다는 의지적인 결단을 포함한다.

하나님 나라는 하나님의 통치가 시작되는 현실이다. 그러므로 구원은 하나님의 통치가 내 삶에 들어오는 사건이다. 구원은 단지 과거에 한번 영접 기도를 했던 사건이 아니다. 그것은 새로운 생명이 주 안에서 시작되는 사건이다. 그 생명은 반드시 자라고 열매를 맺게 되어 있다. 삶이 바뀌지 않은 복음은 이미 나에게 복음이 아님을 증명한다.

구원이란 무엇인가?

성경에서 구원은 세 단계를 포함한다.

성경이 말하는 구원은 단지 한순간의 경험이 아니라 과거와 현재와 미래를 포함하는 하나님의 전인적인 구속 역사다.

1단계 [칭의 Justification] —— 과거 [죄의 형벌에서 구원]

예수 그리스도를 믿음으로 말미암아 우리는 하나님 앞에서 의롭다 여김을 받고 죄의 형벌에서 벗어난다.

2단계 [성화 Sanctification] —— 현재 [죄의 권세에서 구원]

성령의 인도하심 속에서 회개하고, 하나님의 뜻에 순종하며 거룩해지는 삶을 살아간다.

의롭게 된 자는 하나님의 말씀과 성령의 역사로 실제적으로 거룩하게 되며, 점점 죄를 이기고 참된 거룩함에 이르게 된다 웨스트민스터 신앙고백 13장 1항

성화는 성령의 능력과 신자의 순종 안에서 이루어지는 점진적인 과정이다.

3단계 [영화 Glorification] —— 미래 [죄의 존재로부터의 완전한 구원]

예수 그리스도께서 다시 오실 때, 성도는 영화롭게 되어 영원

한 하나님 나라를 상속받고 완전한 구원에 이르게 된다.

구원은 단지 죽은 후 천국에 가는 것에 국한되지 않고, 지금 이 땅에서 하나님 나라의 통치 아래 살아가는 삶을 포함한다. 진정 구원 받은 자는 이 땅에서부터 하나님 나라를 산다.

복음은 기쁜 소식이다

복음이 기쁜 소식인 이유는 다음과 같다.

첫째, 복음은 예수 안에 있는 자는 정죄함이 없다는 소식이기 때문이다.

> 그러므로 이제 그리스도 예수 안에 있는 자에게는 결코 정죄함이 없나니
> **롬 8:1**

정죄함이 없는 조건은 "그리스도 예수 안에 있는 자"여야 한다는 것이다. 바울은 그리스도 예수 안에서 성령의 법이 우리를 죄와 죽음의 법에서 해방시켜 주기 때문이라고 말한다.

예수님을 영접한 후에도 우리는 여전히 죄를 범하는데, 정죄함이 없다니, 어떻게 그럴 수 있는가? 그 이유는 예수님이 우리 죄

로 인한 모든 정죄를 십자가에서 한꺼번에 다 받으셨기 때문이다. 이를 대속(redemption)이라고 한다. 이는 '값을 치르고 사는 것'(paying ransom)을 의미한다.

로마 시대의 노예나 포로는 자기 몸값을 스스로 치를 능력이 없었다. 누군가가 그의 몸값을 대신 내주어야만 자유를 얻을 수 있었다. 예수님은 우리가 치러야 할 모든 죗값을 십자가에서 대신 치러 주심으로써 우리의 대속자가 되셨다. 그리스도인은 예수님이 핏값을 치르고 사신 자들이다. 그러므로 모든 그리스도인은 예수님께 속한 자들이고, 예수님이 주인이 되신다.

둘째, 복음이 기쁜 소식인 이유는 나의 모든 죄가 예수님 안에서 용서를 받았다는 소식이기 때문이다.

복음은, 날마다 죄를 짓고 죄책감 속에 살며 하나님께 벌을 받지 않을까 두려워하던 내가 예수님의 십자가 대속으로 말미암아 하나님께 의롭다 여김을 받게 되었다는 기쁜 소식이다.

> 모든 사람이 죄를 범하였으매 하나님의 영광에 이르지 못하더니 그리스도 예수 안에 있는 속량으로 말미암아 하나님의 은혜로 값 없이 의롭다 하심을 얻은 자 되었느니라 **롬 3:23-24**

무엇이 우리로 하여금 죄와 죄의식의 속박으로부터 해방되어

죄로 인해 멀어졌던 하나님과 화목하게 하는가? 바로 예수 그리스도의 보혈이다.

> 우리는 그리스도 안에서 그의 은혜의 풍성함을 따라 그의 피로 말미암아 속량 곧 죄 사함을 받았느니라 **엡 1:7**

예수 그리스도의 보혈은 우리의 죄를 깨끗하게 씻기고, 죄로 인해 끊어졌던 하나님과의 관계를 회복시키고 화목케 한다.

> …그 아들 예수의 피가 우리를 모든 죄에서 깨끗하게 하실 것이요
> **요일 1:7**

> 곧 우리가 원수 되었을 때에 그의 아들의 죽으심으로 말미암아 하나님과 화목하게 되었은즉… **롬 5:10**

복음은 은혜다

　은혜는 세상의 모든 법칙과 원리를 초월한다. 하나님의 은혜는, 나약하고 가진 것도 없고 주를 위해 살려고 해도 무엇 하나 잘하는 것이 없어 항상 다른 사람보다 뒤처지고 부족한 사람도 일등이 되게 한다.

　어느 날, 하나님이 자녀들을 부르신다.

　"사랑하는 자녀들아, 시간이 되었다. 다들 집으로 돌아와라. 세상 사람들이 가는 방향으로 가지 말고, 모두 뒤로 돌아서 와라!"

　그러면 맨 꼴찌이던 사람이 하나님의 은혜로 1등이 될 수 있는 것이다.

　마태복음 20장에 나오는 포도원 품꾼의 비유는 은혜가 무엇인지를 잘 보여 준다. 주님은 포도원의 비유에서 "이와 같이 나중 된 자로서 먼저 되고 먼저 된 자로서 나중 되리라"(마 20:16)라고 말씀하셨다. 우리는 이 비유를 통해서 하나님 나라의 원리는 세상의 원리와 다르다는 복음의 본질을 알게 된다.

> 저물매 포도원 주인이 청지기에게 이르되 품꾼들을 불러 나중 온 자로부터 시작하여 먼저 온 자까지 삯을 주라 하니 마 20:8

주인은 포도원에 아침 일찍부터 와서 일한 자가 아닌 나중에 와서 조금 일한 자들부터 품삯을 주라고 한다. 심지어 하루 종일 일한 사람과 똑같은 품삯을 주라고 한다. 재능 없고, 기술도 없어 사람들이 품꾼으로 고용하지 않던 사람들에게 일할 기회를 준 것만으로도 고마운 일인데, 아침부터 더 많이 일하고 더 능력 있고 더 일 잘하는 일꾼들과 똑같은 품삯을 주고, 게다가 먼저 준다는 것은 주인이 베푸는 일방적인 은혜다.

우리가 받은 은혜가 바로 이와 같다. 사실, 유대인의 관점에서 보면, 우리는 이방인일 뿐이다. 그들은 자신들만이 하나님께 선택받은 민족이고, 이방인은 버림받은 민족이라고 생각했다. 그래서 이방인들을 지옥의 땔감 정도로 여기며 무시했다. 그런데 이방인인 우리가 예수님의 십자가 대속을 믿음으로 말미암아 구원을 얻게 되었다. 이것이 바로 하나님의 은혜다.

그 당시 많은 유대인과 종교 지도자들은 예수님이 친히 복음을 전하셨음에도 불구하고 주님의 말씀을 믿지 않았고, 오히려 주님을 십자가에 못 박아 죽게 하였다. 바울도 유대인들에게 먼저 복음을 전하였지만, 그들은 예수님께 했던 것처럼 바울을 핍박하고 죽이려고 했다. 그래서 바울이 이방인에게 가서 복음을 전하겠다고 선언한다.

> 바울과 바나바가 담대히 말하여 이르되 하나님의 말씀을 마땅히 먼저 너희에게 전할 것이로되 너희가 그것을 버리고 영생을 얻기에 합당하지 않은 자로 자처하기로 우리가 이방인에게로 향하노라 주께서 이같이 우리에게 명하시되 내가 너를 이방의 빛으로 삼아 너로 땅끝까지 구원하게 하리라 하셨느니라 하니 **행 13:46-47**

> 그들이 대적하여 비방하거늘 바울이 옷을 털면서 이르되 너희 피가 너희 머리로 돌아갈 것이요 나는 깨끗하니라 이후에는 이방인에게로 가리라 하고 **행 18:6**

만약 바울이 이방인에게 복음을 전하지 않았더라면, 지금 우리에게까지 복음이 전파되지 않았을 것이다. 바울이 말한다.

> 그런즉 그들이 믿지 아니하는 이를 어찌 부르리요 듣지도 못한 이를 어찌

믿으리요 전파하는 자가 없이 어찌 들으리요 롬 10:14

우리는 유대인들보다 더 늦게 복음을 받았지만, 하나님의 은혜로 먼저 예수님을 구주로 믿고 구원의 은혜를 누리는 자들이 되었다.

복음은 천국 문을 여는 열쇠다

    인간이 천국에 갈 수 있는 세 가지 방법이 있다. 첫째는, 평생 죄를 한 번도 안 지으면 천국에 갈 수 있다. 그러나 사람이 평생 죄를 한 번도 짓지 않는다는 것은 실제로 불가능한 일이다. 예수님은 마음으로 품는 죄도 죄라고 말씀하셨다. 또 바울은 "사람이 의롭게 되는 것은 율법의 행위로 말미암음이 아니요"(갈 2:16)라고 말했다.

    둘째는, 내가 치러야 할 죗값을 누군가가 대신 치러 주면 천국에 갈 수 있다. 한마디로 죄의 대속자가 필요하다. 나의 죄를 대속해 주신 분이 누구신가? 바로 예수님이다. 그러므로 예수님 외에는 천국에 갈 수 있는 다른 수단, 다른 통로, 다른 방법이 없다.

    셋째는, 하나님의 자녀가 되면 천국에 갈 수 있다. 하나님의 자녀가 하나님 아버지의 집에 들어가는 것은 당연한 일이다. 학교 수업을 마친 자녀가 현관문의 비밀번호를 누르거나 열쇠로 열고 집으로 들어오는 것과 마찬가지다. 예수님은 천국에 들어가는 비밀번호요 유일한 열쇠이시다.

어떤 사람들은 오늘도 죄 많이 짓고 하나님 말씀대로 살지 못했는데, 오늘 밤에 내가 죽는다면 정말 천국에 갈 수 있을까 고민하기도 한다. 자기가 하나님의 자녀라는 확신이 없으면 불안할 수밖에 없다.

성경은 하나님과 인간 사이의 계약서다. 예수님을 나의 구주로 믿으면, 나는 하나님의 자녀가 된다.

> 영접하는 자 곧 그 이름을 믿는 자들에게는 하나님의 자녀가 되는 권세를 주셨으니 요 1:12

예수님을 구주로 믿는 자는 하나님의 자녀가 된다. 하나님의 자녀는 하나님의 자녀답게 살아가야 한다. 그 삶은 소명과 사명을 동반한다.

복음은 죄의 노예 상태로부터의 해방이다

성경은 명확하게 말한다.

> 죄가 너희를 주장하지 못하리니 이는 너희가 법 아래에 있지 아니하고 은혜 아래에 있음이라 **롬 6:14**

> 죄로부터 해방되어 의에게 종이 되었느니라 **롬 6:18**

예수 그리스도를 믿는 자는 죄의 형벌뿐 아니라 죄의 세력으로부터도 해방된다. 복음은 단지 죄를 용서받는 것에서 멈추지 않고, 죄의 세력에서 벗어나 하나님의 뜻에 순종하는 새 삶을 살게 한다.

사람들은 흔히 이렇게 말한다.

"우리는 원죄와 죄성을 가지고 있기 때문에 죄를 지을 수밖에 없어."

이 말은 절반만 맞다. 거듭난 그리스도인은 더 이상 죄의 종이 아니다. 그리스도인 안에는 성령이 계시므로 마귀의 유혹을 이기고 죄를 멀리할 수 있다. 즉 죄를 지을 수밖에 없는 상태에서 죄를 안 지을 수도 있는 상태로 바뀌었다는 뜻이다(이재훈 목사).

누구든지 그리스도 안에 있으면 새로운 피조물이라 **고후 5:17**

죄를 지을 수 밖에 없는 존재가 아닌 죄를 이기며 살 수 있는 새 피조물로 변화된 것이다.

너희 몸은 너희가 하나님께로부터 받은 바 너희 가운데 계신 성령의 전인 줄을 알지 못하느냐 **고전 6:19**

예수님을 구주로 믿는 자 안에는 성령께서 내주하시기 때문에, 죄를 이길 수 있는 능력과 거룩하고자 하는 소원을 갖는다. 거룩함은 단순히 죄를 짓지 않는 상태가 아니라 하나님께 속하여 사는 구별된 삶을 의미한다. 이 거룩함은 인간의 노력으로 완성되는 것이 아니라 성령 안에서 날마다 성화되어 가는 과정이다.

성화는 두려움이나 율법적인 강제에 의해 이루어지는 것이 아니라 하나님의 임재를 인식하는 믿음과 성령의 내적 도우심에 의해 이루어진다. 하나님이 함께 계심을 실제로 믿고 인식하는 사람은 죄를 점점 멀리하게 되고, 거룩함을 추구하며 살게 된다.

예수 그리스도를 믿고, 성령이 내주하시는 그리스도인은 더 이상 죄에 매인 존재가 아니다. 이제 우리는 성령의 능력 안에서 죄를 거절하고, 하나님의 뜻에 순종할 수 있는 자로 바뀌었다. 이것이 복음의 능력이며 거듭남의 열매다.

복음은 부활의 소식이며
새 생명으로 거듭나는 것이다

예수 그리스도의 십자가가 복음의 핵심이라면, 주님의 부활은 복음의 결론이다.

> 미쁘다 이 말이여 우리가 주와 함께 죽었으면 또한 함께 살 것이요
> **딤후 2:11**

사람들은 예수님이 행하신 기적들에 관해 많이 말하지만, 사실 중요한 것은 주님의 십자가 죽음과 부활이다. 이것이 진정한 복음이다.

> 예수는 우리가 범죄한 것 때문에 내줌이 되고 또한 우리를 의롭다 하시기 위하여 살아나셨느니라 **롬 4:25**

예수님은 우리 죄 때문에 십자가에서 친히 대속 제물로서 죽으셨고, 우리로 하여금 의롭다 여김을 받게 하기 위해 부활하셨다. 바울은, 예수 그리스도가 죽은 자 가운데서 부활하셨으므로 주님과 연합한 우리도 죄의 권세에서 해방되었고, 마지막 날에 예수 그리스도와 같이 영광스러운 부활에 참여하게 될 것이라고 선포한다. 예수님의 부활은 우리의 믿음이 헛되지 않다는 확실한 증거이자 우리 또한 그와 같이 영광스러운 몸으로 부활하여 영원한 생명을 누리게 된다는 하나님의 보증이다(롬 6:4 – 11).

> 만일 우리가 그리스도와 함께 죽었으면 또한 그와 함께 살 줄을 믿노니
> 롬 6:8

> 그는 … 우리의 낮은 몸을 자기 영광의 몸의 형체와 같이 변하게 하시리라
> 빌 3:21

죽은 자는 자기 말과 약속에 아무런 책임을 질 수 없지만, 예수님은 부활하셨으므로 예수님이 하신 모든 말씀과 약속은 그 효력이 계속된다. 예수님이 부활하셨기 때문에 우리가 전하는 복음도 사실이고 진실하다. 또한 예수님의 부활로 말미암아 복음의 능력은 효력이 있고, 성령께서 이를 증명하시고, 우리는 그것을 체험

할 수 있다.

> 예수를 죽은 자 가운데서 살리신 이의 영이 너희 안에 거하시면 그리스도 예수를 죽은 자 가운데서 살리신 이가 너희 안에 거하시는 그의 영으로 말미암아 너희 죽을 몸도 살리시리라 **롬 8:11**

어떤 사람들은 다른 인생으로 다시 태어날 수 있다는 힌두교나 불교의 윤회설이 더 낫다고 말한다. 그렇다면 현재의 삶 속에서 새롭게 태어날 수 있는 기독교의 복음이 가장 좋다. 윤회를 믿는 사람들은 다음 생에 대한 막연한 기대를 품지만, 예수님을 믿는 사람들은 현재 삶에서 성령의 역사로 '거듭남'(born again)을 경험하게 된다. 이런 점에서 보면, 윤회설을 지지하는 사람들에게 진정한 복음은 바로 예수 그리스도이시다.

복음은 가장 큰 사랑이다

하나님의 가장 큰 사랑은 독생자를 주신 사랑이며 이 사랑은 복음을 통해 전달된다.

> 하나님이 세상을 이처럼 사랑하사 독생자를 주셨으니 이는 그를 믿는 자마다 멸망하지 않고 영생을 얻게 하려 하심이라 요 3:16

> 하나님의 사랑이 우리에게 이렇게 나타난 바 되었으니 하나님이 자기의 독생자를 세상에 보내심은 그로 말미암아 우리를 살리려 하심이라 사랑은 여기 있으니 우리가 하나님을 사랑한 것이 아니요 하나님이 우리를 사랑하사 우리 죄를 속하기 위하여 화목 제물로 그 아들을 보내셨음이라
> 요일 4:9-10

복음은 예수 그리스도의 대속적 죽음과 부활을 통해 인간의 가장 근본적인 문제인 죄와 죽음의 문제를 해결하고, 죄인에게 영생을 주시는 하나님의 기쁜 소식이다.

미국 사람들은 작은 사랑을 주기를 좋아한다. 교회에서 무료로 영어도 가르쳐 주고, 먹을 것도 주고, 중고차도 주고, 장학금도 준다. 그런데 진정 필요한 큰 사랑은 주지 않는다. 영원한 생명의 문제를 해결할 수 있는 복음을 전해 주지 않는다. 안타깝게도 한국 교회들도 점점 미국 교회를 닮아 가고 있다.

복음 없는 사랑은 박애주의에 불과하며 사람을 영원한 생명으로 이끌지 못한다. 교회는 사람들의 필요들을 채우는 여러 가지 구제 사역을 할 수 있다. 그러나 그것은 복음 사역을 위한 다리여야 한다. 복음 없는 구제는 영혼을 살릴 수 없고, 교회 존재의 본질을 잃게 된다. 교회는 복음 사명에 중심을 둘 때 내외적으로 부흥을 경험한다.

참된 사랑은 예수님을 전하는 사랑이다. 누군가의 필요를 채워 주는 작은 사랑도 중요하지만, 예수님을 전해 주어 하나님의 사랑과 축복을 직접 받게 하는 것은 더욱더 중요하다. 그러므로 우리가 다른 사람에게 줄 수 있는 가장 큰 사랑은 복음을 전해 주는 것이다.

복음은 큰 선행이다

복음은 단순한 정보가 아니라 죽음에서 생명으로 옮기게 하시는 하나님의 능력이며 생명의 메시지다. 이 복음을 누군가에게 전한다는 것은, 영원한 형벌 가운데 놓인 한 영혼에게 구원의 길을 제시하는 것이며 어둠 속에 갇힌 자에게 빛을 비추는 것이다.

> 아들을 믿는 자에게는 영생이 있고 아들에게 순종하지 아니하는 자는 영생을 보지 못하고 도리어 하나님의 진노가 그 위에 머물러 있느니라 요 3:36

> 그 눈을 뜨게 하여 어둠에서 빛으로, 사탄의 권세에서 하나님께로 돌아오게 하고… 행 26:18

복음을 전하지 않는다는 것은, 죽을 수밖에 없는 치명적인 병으로 고통받는 사람 앞에서 치료제를 가지고 있으면서도 침묵하는 것과 같다. 그러므로 누군가에게 복음을 전하는 일은 인간이 할 수 있는 가장 선하고 착한 일이라 할 수 있다.

복음은 선물이다

우리가 예수님을 믿기 전에 먼저 하나님의 은혜가 있었다. 하나님이 은혜를 먼저 베푸셨기 때문에 우리가 믿을 수 있게 된 것이다.

에베소서 2장 8절은 이렇게 말하고 있다.

> 너희는 그 은혜에 의하여 믿음으로 말미암아 구원을 받았으니 이것은 너희에게서 난 것이 아니요 하나님의 선물이라 엡 2:8

하나님은 믿음의 대상이신 예수 그리스도를 우리에게 주셨고, 그로 인해 우리는 예수님을 믿고 구원을 받게 되었다. 그러므로 구원은 전적으로 하나님의 은혜이며, 인간의 노력이나 공로가 아닌 하나님의 선물이다. 왜냐하면 인간은 구원을 스스로 만들어

낼 수 없기 때문이다.

가치가 너무 크고 귀한 것은 그것을 가진 이가 기꺼이 무료로 주지 않으면 살 수도, 가질 수도, 받을 수도 없다.

만약 우리가 받은 영원한 생명에 값을 매긴다면 얼마나 될까? 그 가치를 정확히 따질 수 있는 사람도 없고, 설령 안다 해도 그 값을 지불할 수 있는 사람은 아무도 없다. 그래서 하나님은 그 무엇과도 바꿀 수 없는 생명을 값없이, 거저 주셨다. 이것이 하나님의 은혜다. 그러므로 내가 누군가에게 줄 수 있는 가장 귀하고 값진 선물은 바로 복음을 전해 주는 것이다.

복음의 가치는, 하나님이 나를 위해 무엇을 어떻게 하셨는가와 관련 있다. 하나님이 죄인인 나를 구원하시기 위해 독생자 예수님을 십자가에서 대신 죽게 하셨다면, 그만큼 나는 하나님께 중요한 존재라는 뜻이다. 하나님이 나를 그만큼 사랑하신다는 증거다.

바울은 로마서에서 이렇게 말했다.

우리가 아직 죄인 되었을 때에 그리스도께서 우리를 위하여 죽으심으로 하나님께서 우리에 대한 자기의 사랑을 확증하셨느니라 **롬 5:8**

우리가 선하거나 하나님을 기쁘시게 해서 하나님이 우리에게 예수님을 보내신 것이 아니다. 우리에게 어떤 공로가 있어서 하나님이 우리를 죄에서 건져 주신 것도 아니다.

오히려 우리가 우상을 섬기고, "하나님이 어디 있어?", "하나님은 없어"라고 말하며 패역한 짓을 할 때, 곧 우리가 여전히 죄인으로 있을 때, 하나님은 독생자 예수 그리스도를 보내셔서 우리의 죗값을 대신 치르게 하셨다.

이것이 바로 복음이다. 복음의 참된 의미를 알고 진심으로 믿는 사람은, 날마다 감사와 감격과 기쁨으로 복음을 전하지 않을 수 없다.

우리에게 복음은,
축복 중에 가장 큰 축복이고,
사랑 중에 가장 큰 사랑이고,
능력 중에 가장 큰 능력이고,
은혜 중에 가장 큰 은혜이며
선물 중에 가장 좋은 선물이다.

그러므로 복음을 전하는 일은 항상 기쁘고 감사한 일이며 부담스러우면서도 즐거운 일이다.

예수님이 많은 무리에게, "썩는 양식을 위하여 일하지 말고 영생하도록 있는 양식을 위하여 하라"(요 6:27)라고 말씀하시자 무리가 예수님께 질문하였다.

> …우리가 어떻게 하여야 하나님의 일을 하오리이까 요 6:28

이것은 곧 "하나님의 일은 무엇인가?"라는 질문이다. 이에 예수님이 친히 대답하셨다.

> …하나님께서 보내신 이를 믿는 것이 하나님의 일이니라 하시니 요 6:29

다시 말해, 하나님의 일이란 하나님이 보내신 예수 그리스도를 믿는 것이다. 하나님의 일은 인간의 노력이나 종교적 행위에서 시작되는 것이 아니라 예수님을 믿는 믿음으로부터 시작된다.

바울은 복음을 전하는 자가 없으면, 예수님을 믿을 수 없다고 말한다.

> 그런즉 그들이 믿지 아니하는 이를 어찌 부르리요 듣지도 못한 이를 어찌 믿으리요 전파하는 자가 없이 어찌 들으리요 롬 10:14

그러므로 우리는 주님이 오실 때까지 복음 전파의 사명을 충성스럽게 수행해야 한다. 아직도 우리 주위에는 복음을 들어야 할 불신자들이 너무도 많다. 여러 번 전도해도 결실이 없다고 낙심할 필요가 없다. 우리가 계속해서 복음을 전할 수 있도록 성령께서 매 순간 쉬지 않고 전폭적으로 우리를 지지하며 도우시기 때문이다.

아담의 죄를 인류에게 전가하고,
신자의 죄를 그리스도에게 전가하고,
그리스도의 의를 신자에게 전가한다

존 페스코

CHAPTER 4

복음을 받아들이는 9단계

전도는 예수님의 명령이다

복음 전도는 선택 사항이 아니다. 예수님이 명령하신 일이며, 모든 그리스도인이 반드시 순종해야 할 의무다.

절대적 진리 대신 다양한 관점과 문화적 상대성을 인정하는 포스트모더니즘(postmodernism)에 빠져 있는 사람은 자신이 주인이 되어 사명도 자기 마음대로 해석하고자 한다. 하나님과 멀어질수록 삶은 거짓과 위선으로 가득하고, 하나님의 말씀으로부터 멀어질수록 죄와 가까워진다. 그러나 성령으로 거듭난 사람은 예수님을 증거하려는 열정이 항상 넘친다.

> 내가 아버지께로부터 너희에게 보낼 보혜사 곧 아버지께로부터 나오시는 진리의 성령이 오실 때에 그가 나를 증언하실 것이요   요 15:26

영국의 복음주의 지도자 존 스토트(John Stott) 목사는 거듭남을 네 가지 단어로 요약했는데, 정리하면 ABCD다.

> **A** [Admit]
> 자신이 죽을 수밖에 죄인임을 인정하고 받아들인다.
>
> **B** [Believe]
> 예수 그리스도의 십자가 대속을 믿는다.
>
> **C** [Commit]
> 예수님을 내 삶의 주인으로 모시고, 온전히 주님을 신뢰하고 의탁한다.
>
> **D** [Do]
> 말씀을 따라 행하고 순종하며 살아간다.

진정으로 거듭난 사람은 복음을 전할 수밖에 없다. 우리가 예수님을 증거할 때, 자신이 참으로 거듭난 그리스도인인지를 가장 분명하게 확인할 수가 있다. 전도는 그리스도인의 사명이며, 동시에 거듭남의 열매다.

어떤 사람들은 교회가 수적으로 증가하는 시대는 끝났다고 말한다. 그렇다면 이단의 수는 왜 지금도 폭발적으로 증가하는가? 이는 영적으로 갈급한 자들이 여전히 많다는 사실을 방증한다. 세상에는 영적으로 목마른 자들이 여전히 많다. 그들의 목마름을 채워 줄 수 있는 분은 오직 예수 그리스도밖에 없다.

> 다른 이로써는 구원을 받을 수 없나니 천하 사람 중에 구원을 받을 만한 다른 이름을 우리에게 주신 일이 없음이라 하였더라 행 4:12

성경은 다른 이로써는 구원을 얻을 수 없고, 예수님 외에 다른 구원자는 없으며, 온 인류에게 구원을 줄 수 있는 이름은 오직 '예수 그리스도'라고 선언한다. 그러나 이단들은 "다른 이"와 "다른 이름"을 믿고, 그들의 교주를 구원자로 신봉한다.

우리는 변질되지 않은 바른 복음을 전해야 한다. 변질되지 않은 순전한 복음을 전하려면, 우리 자신이 먼저 복음화되어야 한다. 자신이 복음화된 만큼 다른 사람에게 확신 있게 복음을 전할 수 있기 때문이다.

한 사람이 복음을 받아들이는 과정

나에게 신앙적인 영향을 지대하게 주신 분들이 몇 분 있다. 미국 컬럼비아 국제대학(CIU)의 스테인(Dr. Steyne) 교수는 그분들 중 한 분이다. 스테인 교수의 할아버지는 아프리카 미국 선교사였고, 그의 아버지도 아프리카에서 평생 선교를 하였으며 그 자신이 아프리카에서 태어나 원주민들과 함께 자랐다. 그는 미국에서 신학을 공부한 후에 할아버지와 아버지의 뒤를 이어 선교사가 되었다.

그는 남아프리카공화국 더반(Durban) 신학교의 교장과 미국 팀(TEAM) 선교회의 대표를 역임했다. 또 미국 뉴저지 바울 복음교회에서 6년간 담임 목사로 섬기며 짧은 기간에 교회를 두 배로 성장시킨 탁월한 목회자이기도 했다. 그는 1980년부터 2004년까지 24년간 컬럼비아 국제대학에서 학생들을 가르쳤다.

스테인 교수는 신앙적으로나 선교적으로 내게 매우 큰 영향을 주었다. 스테인 교수가 은퇴를 앞둔 시기에 나는 그와 1대1로 수업을 하게 되었다. 교수님과 단둘이 수업을 한다는 것은 매우 특별한 은혜이면서도 부담이었다. 수업은 매주 월요일 그의 사무실에서 진행되었다. 그는 타문화 의사소통(Cross Cultural Communication)이란 과목을 개설하였는데, 그가 긴 세월 선교사요 목회자요 교수로서 경험하고 연구한 자료들을 정리한 내용이었다. 그는 풍부한 경험과 지식을 토대로 매주 단 한 명의 학생을 위해 열강을 해 주었다. 그것은 내가 미국에 유학을 가지 않았더라면 얻기 힘든 귀한 경험이었다.

그의 가르침이 얼마나 유익하던지 나는 매주 그 시간을 손꼽아 기다렸다. 스테인 교수와 수업한 날은 집에 돌아와 바로 아내와 배운 내용들을 나누었다. 아내도 심취하여 과제를 함께했다. 결국, 아내 것까지 두 편의 과제물을 교수님께 제출했다. 그렇게 한 이유는 같은 수업 내용을 아내가 여성의 관점에서 어떻게 이해하고 적용하는가를 알고 싶었고, 또 그것을 스테인 교수와 심도 있게 나누고 싶었기 때문이다.

스테인 교수는 수십 년간 많은 학생을 가르쳐 왔지만, 배운 것을 아내와 공유하고 아내가 자발적으로 작성한 과제물을 함께 제출하는 학생은 처음 본다며 놀라워하였고, 본인에게도 큰 격려가 된다며 매우 기뻐했다. 그는 따뜻한 사랑과 열정으로 나를 수제자처럼 한 학기 동안 가르쳤다. 마지막 수업 시간에 그동안 내가 제출했던 과제들을 다음 학기 강의 자료로 활용해도 되는지 동의를 구하기에 나는 흔쾌히 승낙했다. 스테인 교수는 그 다음 한 학기를 더 가르치고 은퇴하였다.

스테인 교수는 말한다.

"한 사람이 복음을 받아들이는 과정은 간단하지 않다. 그것은 그리스도의 메시지를 자신의 문화 안으로 받아들이는 이해와 동의의 연속 과정이다."

그는 복음이 한 사람 안으로 들어오는 과정을 9단계로 나누어 설명한다. 그 9단계를 정리하면, 다음과 같다.

【1】질문과 대답을 통해, 새로운 세계관을 접하는 단계 | 복음적 대화를 통해 영적으로 닫힌 두 눈을 뜨는 단계다.

9단계   무관심 단계
8단계   관심이 시작되는 단계. 진리에 대해 잠자는 의식을 깨우는 단계다.

【2】복음 선포 | 흑암 속에서 빛을 보는 단계다.

7단계   복음을 들음

6단계　이해와 동의가 시작되는 단계

【3】전환 | 마귀의 통치하에서 복음을 듣고 하나님의 나라 안으로 들어가기 위해 방향을 전환하는 단계다.

5단계　도전의 필요
4단계　심적 전환

【4】설득의 단계 | 최종 결정을 위한 설득 과정의 단계다.

3단계　복음을 받아들이기 위한 더 깊은 이해의 단계
2단계　최종 결정 단계

【5】격려와 초청 | 예수 그리스도의 대속의 은혜를 경험하는 단계다.

1단계　예수님을 개인의 구주로 영접하는 단계
0단계　개심과 개종

【6】양육과 성장의 단계

+1단계　구원에 대한 확신을 재점검하는 단계
+2단계　공동체와 결합, 교회에 등록하는 단계
+3단계　성장과 성숙을 향해 가는 단계
+4단계　주님의 복음 전파의 명령을 수용하는 단계

우리가 복음을 전할 때 복음을 수용하는 단계나 시간은 사람마다 다르다. 짧은 시간에 진행되는 사람이 있는가 하면, 시간이 오래 걸리는 사람이 있고, 성령의 강한 역사로 이 단계들을 건너뛰는 사람도 있다. 어떤 사람은 복음을 듣고 예수님을 쉽게 구주로 영접하지만, 모든 사람이 그처럼 쉽게 복음을 받아들일 것이라고 기대해서는 안 된다.

일반적으로 복음의 메시지가 한 사람 안으로 들어올 때, 복음을 받아들이는 이 9단계의 과정을 거친다고 볼 수 있다. 특히 전도의 은사가 없다고 생각하는 사람들은 9단계를 잘 이해하고, 숙지할 필요가 있다.

9단계 이론을 좀 더 자세히 살펴보자.

불신자가 복음을 받아들이는 9단계

1_9단계와 8단계

질문과 대답을 통해 새로운 세계관을 접하는 단계로 복음적 대화를 통해 영적으로 닫혔던 눈이 뜨이는 단계다. 즉 새로운 세계관을 접하는 단계라고 할 수 있다. 이때 주로 다음 질문들이 사용된다.

"혹시 예수님에 대해 들어 본 적이 있나요?"
"교회에 가 본 적이 있나요?"
"가족 중에 예수님을 믿는 분이 있나요?"
"복음에 관해 들어 본 적이 있나요?"
"제가 당신을 위해 기도해 드릴 일이 있나요?"
"현재의 삶에 만족하시나요?"
"만일 오늘 밤에 갑자기 세상을 떠나게 된다면, 천국에 들어가리라는 확신이 있나요?"

질문들에 대한 불신자의 반응에 따라 전도자는 복음 제시를 위한 접촉점을 찾고, 복음적 대화를 시작할 수 있다. 만약에 불신자가 "나는 그런 것에 관심이 없어요. 나는 다른 종교를 믿어요. 나는 …때문에 교회를 싫어해요. 나는 천국이나 지옥 같은 것은 없다고 생각해요"라며 부정적인 반응을 보이며 거절의 의사를 밝힌다면, 전도자는 그것에 대해 적절히 대처하고 답변할 필요가 있다. 필자가 쓴《누구나 전도》의 "4장 변증으로 질문에 답하기" 중 '불신자들이 예수님을 믿지 않는 20가지 이유'를 참고하면, 실제적인 도움을 받을 수 있을 것이다.

2_7단계와 6단계

전도자의 복음 선포로 불신자가 흑암 속에서 빛을 보는 단계다. 즉 불신자가 복음을 듣고 이해하며 동의하기 시작하는 단계다. 단계마다 강한 영적 전투가 있기 마련이다. 그래서 기도가 필요하고, 성경을 통해 복음의 핵심 내용을 명확하게 설명할 필요가 있다. 감사한 것은 전도할 때마다 마귀가 방해하지만, 성령의 도우심이 늘 더 크다는 것이다.

성경은 사람들이 영적 흑암 속에서 살고 있다고 말한다. 흑암의 세상은 온갖 죄의 산물들로 가득하다. 마귀는 죄와 사망을 무기로 삼아 흑암의 세계를 지배하고, 세상 사람들은 어둠의 법칙을 따라 살아간다.

7단계와 6단계는 불신자가 복음의 메시지를 듣고, 자신이 속한 어둠의 현실을 자각하여 복음의 빛에 관심을 두기 시작하는 단계다.

3_5단계와 4단계

복음을 듣고, 사탄의 통치하에서 하나님 나라로 들어가기 위해 방향을 전환하는 단계다. 도전이 필요하고 생각의 전환이 필요한 단계이며 불신자의 세계관에 균열이 일어나는 단계다. 불신자의 기존 세계관에 균열이 생기면서 복음의 씨앗이 들어가게 된다.

이때 불신자의 마음속에는 '내가 지금까지 생각해 온 것이 틀렸었나? 새로운 것을 나만 모르고 있었나? 지금이라도 빨리 받아들여야 할까?'와 같은 갈등이 생긴다. 불신자의 고정관념과 세계관 안에 진리의 말씀이 들어와 갈등을 일으키면서 불신자로 하여금 성경 말씀에 마음을 열게 하는 단계다.

전도자는 구원에 관한 성경 말씀을 찾아 암송하거나 또는 상대방으로 하여금 직접 읽게 한 후 풀어 설명해 주는 것이 필요하다. 상대방에게 확신을 더 안겨 줄 적절한 간증도 필요하다.

한 역사학자가 이런 간증을 하였다. 그는 사람들로부터 예수님을 믿으라는 권유를 여러 번 받았고, 간단한 쪽 복음을 여러 번 듣기도 했지만, 예수님을 믿고 싶은 마음이 전혀 생기지 않았다고 한다. 그런데 하루는 어떤 목사가 성경을 통해 하나님의 창조와 인간의 타락을 설명하고, 홍수 심판과 방주를 통한 노아 가족의 구원을 설명해 주었는데, 대홍수 이야기를 듣자마자 그의 오랜 의문이 한순간에 풀렸다고 한다.

역사학자는 성경 내용이 사실이냐고 물었고, 그 목사는 역사적 사실이라고 대답했다. 그는 대홍수 사건이 기록된 창세기 6~7장의 내용을 직접 읽고 나서 바로 예수님을 구주로 영접했다.

그는 이렇게 말했다. 인간은 동물과 달라서 어떤 시대건 반드시 기록을 남기는데, 이상하게도 약 4,300년 이전의 기록은 돌이나 동굴 벽에 새긴 것들을 제외하면 문서 형태의 기록은 전혀 존재하지 않는다는 것이다. 4,300년 이후부터는 나무판이나 대나무, 가죽, 종이 등에 기록된 다양한 문서들이 발견되지만, 그 이전 시대의 문서 기록은 단 하나도 찾아볼 수 없다는 점에서 그는 늘 풀리지 않는 의문을 가졌다고 한다.

인류 역사에서 문서 기록의 연속성이 갑자기 끊겼다는 것은 모든 문서가 소멸이 될 수밖에 없는 어떤 큰 사건이 일어났다는 뜻인데, 성경을 통해 그 사건이 바로 지구를 뒤덮은 대홍수였다는 사실을 확인한 것이다. 오랜 의문이 풀린 그날, 그는 예수님을 구주로 영접했다.

그 역사학자는 지금 선교사가 되었다. 그는 성경의 모든 내용이 역사적인 사실이며, 예수 그리스도의 탄생과 십자가 죽음과 부활 역시 모두 역사적 사실임을 증거하며 복음을 전하고 있다.

4_3단계와 2단계

최종 결정을 위한 설득의 단계다. 즉 복음에 대한 더 깊은 이해를 돕기 위해 설득하는 단계다. 낚시에 비유하면, 낚싯줄을 풀었다 조였다 하며 물고기를 끌어올리는 단계다.

이때 적절한 예화를 사용하는 것이 좋다. 다음은 필자가 많이 사용하는 설득의 예화 두 편이다.

첫 번째는 '**엄마 뱃속의 아이**' 예화로, 임신 39주 차에 접어든 임산부가 뱃속의 아이에게 친절한 목소리로 이렇게 말하는 것으로 시작한다.

"아가야, 앞으로 한 주만 더 있으면 엄마와 만나는구나. 아가야, 엄마 뱃속은 너무 좁지? 바깥세상은 아주 넓고 아름다워서 마치 천국 같단다. 파란 하늘과 흰 구름과 정원에는 아름다운 꽃들이 있고, 나무 위에선 예쁜 새들이 노래한단다. 우리 일주일 후에 만나자!"

아기가 대답한다.

"엄마, 나는 엄마 뱃속이 아주 좋아요. 비좁긴 해도 적응되어서 괜찮아요. 난 변화가 싫어요. 밖으로 안 나갈래요."

엄마가 또 말한다.

"그 어두컴컴하고 비좁은 곳이 뭐가 좋니? 바깥세상은 넓고 밝고 아름답단다. 네 방도 아주 멋지게 꾸며 놨어. 예쁜 침대와 네가 입을 예쁜 옷들과 재미있는 장난감들을 준비했지. 너에게 줄 선물이 방 안에 가득하단다. 우리 일주일 후에 만나자!"

아이가 또 대답한다.

"엄마! 난 무서워요, 밖으로 안 나갈래요. 난 여기가 좋아요. 지금이 좋아요, 변화는 싫어요!"

만약 아이가 10개월(40주)을 넘겨 엄마 뱃속에서 2주를 더 보낸다면, 어떻게 될까? 이 경우에 산부인과 의사들은 "태반의 기능이 떨어지고, 영양이 충분히 공급되지 않아 태아의 건강이 나빠지고, 합병증과 뇌성마비가 올 수 있으며, 만약 수술하지 않고 내버려 둔다면, 태아가 자기 태변을 먹고 죽을 수도 있다"라고 말한다. 그러므로 아기가 살려면, 일단 세상에 태어나야 한다. 그 과정이 고통스럽더라도 때가 되었으면 세상 밖으로 나와야만 살 수 있다.

불신자에게 예화를 들려준 뒤에 이렇게 권하라.

"당신은 이미 복음을 들었습니다. 1시간 동안 복음의 내용을 들었다는 것은 이미 때가 찼다는 것을 의미합니다. 더 이상 뒤로 미루지 말고, 빨리 예수님을 믿고, 영적으로 출생해야 합니다. 우리는 모두 죄인이므로 예수 그리스도의 대속의 은혜가 절실히 필요합니다. 이제 예수님을 구주로 영접하시겠습니까?"

이때 불신자가 "네" 하고 대답하면, 바로 훔께 영접 기도를 하라.

두 번째는 '**개미와 만두**' 예화다.

초겨울의 어느 날, 공원 벤치에 앉아 만두를 먹으면서 친구에게 문자 메시지를 쓰고 있는데, 아내에게서 전화가 걸려 왔다. 급하게 전화를 받으려다가 손에 들고 있던 만두를 그만 땅에 떨어뜨리고 말았다.

만두가 땅에 떨어지자마자 어디선가 개미 한 마리가 나타나 만두 위로 재빨리 올라갔다. 한 20분 정도 통화하고 나서 밑을 내려다보니 그 개미가 아직도 바쁘게 만두를 타고 위아래로 오르락내리락하고 있었다. 주위를 둘러보니, 1.5미터쯤 떨어진 곳에 개미집 입구가 보였다. 아마도 만두를 자기 집으로 가져가려는 것 같았다.

나는 "저 작은 개미도 겨울 식량을 비축해 자기 가족들을 굶기지 않으려고 저렇게 애쓰는구나" 하고 생각하며, 불쌍한 마음에 도와주려고 떨어진 만두를 개미집 방향으로 발로 툭 차 주었다. 그랬더니 개미를 도와주려는 나의 순수한 의도와는 전혀 다른 결과가 일어났다. 개미가 내 신발에 쓸리면서 다리가 부러지고, 허리가 잘려 나간 것이다. 안타깝게도 개미는 곧 죽고 말았다.

이쯤에서 불신자에게 이렇게 질문하라.

"어떻게 하면, 그 개미를 완벽하게 도울 수 있을까요?"

"어떻게 하면, 그 개미가 당면한 문제를 해결해 줄 수 있을까요?"

그러면 어떤 사람은 "손으로 만두를 집어서 개미집 앞에 갖다 놓으면 되지요"라고 말할 수 있고, 또 어떤 사람은 "만두를 잘게 쪼개서 개미집 앞에 갖다 놓으면 됩니다"라고 말할 것이다.

내가 미국에서 공부할 때, 하루는 집 마당 잔디 위를 맨발로 걷다가 작은 개미에게 물린 적이 있다. 개미의 독이 강해서 발이 벌겋게 부어오르고 1주일이 넘게 가렵고 고통스러웠던 기억이 있다.

만약 내가 개미를 도와주려고 손으로 만두를 집어 든다면 그 순간, 개미는 자기 것을 빼앗기는 줄 알고 내 손가락을 물 것이다. 그러면 나는 순간적으로 옛날 개미에 물려서 고생했던 트라우마가 떠오르며 놀라 반사적으로 개미를 손으로 쳐 내고 발로 밟을 것이다. 그러면 개미는 결국 큰 부상을 입거나 죽게 될 것이다.

다시 한번 불신자에게 이렇게 질문하라.

"어떻게 하면, 만두를 개미집으로 안전하게 옮겨서 개미들이 겨우내 굶어 죽지 않게 할 수 있을까요?"

불신자가 모르겠다는 표정을 짓거나 답을 말해 달라고 요청하면 이렇게 말하라.

"답은 이것입니다. 내가 개미가 되면 됩니다. 그런데 이때 아주 중요한 조건이 하나 있습니다. 비록 몸은 개미의 몸과 같이 되지만, 능력은 인간의 능력을 그대로 가지고 있어야만 합니다. 즉 인간의 능력을 100% 가진 100%의 개미가 되어서, 개미와 소통하면서 만두를 개미집으로 안전하게 옮기는 것입니다. 예수님이 바로 이런 분입니다. 예수님은 100% 하나님인 동시에 100% 인간으로 이 땅에 오셔서, 인간 스스로가 해결할 수 없는 죄의 문제를 십자가에서 완벽하게 해결해 주셨습니다."

여기까지 설명하면, 믿을까 말까 주저하던 대부분의 전도 대상자가 이렇게 말한다. "아, 알겠어요. 저도 예수님을 믿겠습니다." 재확인을 위해 "아니, 방금 전까지는 결정 못 내리겠다고 나중에 믿겠다고 하시더니, 갑자기 왜 마음이 바뀌었나요?" 하고 물으면, "예수님을 믿어야만 하는 이유를 이제 알게 되었기 때문입니다"라고 대답한다.

아쉽게도 설득의 과정 없이 전도하는 경우가 많다. 그 결과, 조금만 더 친절하게 이해시켜 주면 바로 믿었을 사람들이 10년, 20년, 30년 뒤에나 예수님을 믿게 되는 경우가 많다(《누구나 전도》, 82-88쪽).

5_1단계와 0단계

전도 대상자가 예수 그리스도의 대속의 은혜를 경험하는 단계다. 다음은 이 단계의 전도 매뉴얼이다.

전도 매뉴얼

1단계 예수님을 개인의 구주로 영접하는 단계

하나님이 세상을 이처럼 사랑하사 독생자를 주셨으니 이는 저를 믿는 자마다 멸망치 않고 영생을 얻게 하려 하심이니라 요 3:16

하나님은 죄인 된 인간을 사랑하셔서 예수 그리스도를 이 땅에 보내시고, 죄로 인해 인간이 받아야 할 형벌을 십자가에서 대신 받게 하셨습니다. 예수님의 십자가 희생으로 하나님과 인간 사이의 깨어진 관계가 회복되었습니다.

사람이 마음으로 믿어 의에 이르고 입으로 시인하여 구원에 이르느니라
롬 10:10

예수님을 구원주로 믿는 사람은 죄인에서 의인이 됩니다.
그것은 내가 받을 죄의 형벌을 예수님이 십자가 위에서 대신 다 받으셨기 때문입니다.

전도자 | 예수님은 이런 분입니다. 지금까지 왜 오직 예수님을 믿어야만 구원을 받을 수 있는지, 복음의 내용을 자세히 들었습니다.
이제 한 가지 아주 중요한 질문을 드리고 싶습니다.
당신의 죄를 위해 대신 죽으신 예수님을 구원주로 믿고, 하나님이 예수님을 통해 주시는 구원의 은혜를 받기 원합니까?

전도 대상자 | 네, 원합니다.
(바로 영접 기도를 시작한다.)

0단계 개심과 개종(conversion)의 단계다.
Conversion(개심, 개종)은 14세기에 "죄에서 벗어나 하나님 사랑을 향한 근본적이고 완전한 삶의 정신과 목적의 변화"라는 의미로 사용되었고, 15세기에는 "한 종교에서 다른 종교로의 변화"(특히 기독교로의 변화)를 의미하는 말로 사용되었다.

[영접 기도]
주님, 저는 죄인입니다.
저는 지금 예수님을 저의 죄를 위해서
십자가에서 못박혀 죽으시고 부활하신 구주로 영접합니다.
저의 죄를 용서해 주시고 저에게 영원한 생명을 주셔서 감사합니다.
저는 이제부터 하나님의 자녀로서
하나님이 기뻐하시는 삶을 살기를 원합니다.
예수님의 이름으로 기도합니다. 아멘.

[권면]
오늘은 당신의 영적인 생일입니다.
아이가 태어나면 가정이라는 공동체에 속하는 것처럼, 예수님을 믿고 새 생명으로 태어난 사람도 영적 가정인 교회 공동체에 속하게 됩니다.
사람이 태어나면 건강한 성장이 필요한 것처럼, 균형 잡힌 건강한 그리스도인으로 성장하는 것이 필요합니다.
이를 위해, 교회의 예배에 참석하고, 목사님의 설교를 듣고, 성경 공부 반에 참석하여 성경을 배우고, 매일 성경을 읽는 것이 필요합니다.
그리스도인들은 기도를 통해 하나님과 대화하고, 하나님의 인도와 응답을 받습니다.
성경을 읽는 것과 기도는 건강한 신앙생활에 아주 중요한 요소들입니다.
그리고 가족과 주위 사람들에게 예수님을 전해 주어야 합니다.

> 그가 우리를 흑암의 권세에서 건져내사 그의 사랑의 아들의 나라로 옮기셨으니 그 아들 안에서 우리가 속량 곧 죄 사함을 얻었도다 골 1:13-14

6_양육과 성장의 단계

+1단계 구원에 대한 확신을 재점검하는 단계

+2단계 공동체와 결합, 교회에 등록하는 단계

+3단계 성장과 성숙을 향해 가는 단계

+4단계 주님의 복음 전파의 명령을 수용하는 단계

스테인 박사는 가짜 개심과 진짜 개심에 대해 다음과 같이 이야기한다.

Dr. Steyne의 가짜 개심과 진짜 개심

가짜 개심

사회적 전환 | 교회에 다니지 않다가 교회를 다니기로 한다.
문화적 전환 | 기독교 문화를 부정하다가 공감하는 입장으로 바뀐다.
심리적 전환 | 기독교에 대한 반감이 호감으로 바뀐다.
지적 전환 | 기독교 교리와 이론을 동의하게 된다.

이러한 개심은 모두 거짓 개심이다. 겉으로는 긍정적 변화처럼 보일 수 있지만, 거듭남이 없는 개심은 가짜 개심이다.

진짜 개심

죄에 대해 철저히 회개한다.
사상과 신념에 변화가 있다.
세계관과 가치관의 변화가 있다.
심리적인 변화와 인격적인 성령의 열매가 나타난다.
하나님의 자녀로서 신분의 존엄성과 의식의 변화가 있다.
성령이 인도하는 삶의 변화가 있다.
그리스도의 주인 되심과
주님이 나의 삶을 주관하신다는 Lordship(주권, 주 되심)이 생긴다.

참된 회심이란, 죄에서 돌이켜 하나님께로 돌아오는 전인격적 변화이며, 성령으로 말미암은 거듭남의 열매다. 그것은 단순한 감정 변화나 지적 동의가 아니라 삶의 주인이 바뀌는 근본적인 내적 회복을 의미한다.

그런즉 누구든지 그리스도 안에 있으면 새로운 피조물이라 이전 것은 지나갔으니 보라 새것이 되었도다 고후 5:17

유혹과 갈등에 대한 권면

하나님의 섭리 가운데 우리는 인생의 어느 시점에서 복음을 듣고, 예수님을 구주로 믿어 그리스도인이 되었다. 우리는 예수님의 십자가 대속에 의지해 죄의 심판과 형벌에서 벗어났다.

그러나 우리의 구원이 범죄의 종말을 의미하는 것은 아니다. 구원을 받는 순간부터 죄와의 전쟁이 시작된다.

하나님의 뜻은 의인이 된 우리가 의인의 삶을 사는 것이다. 우리에게는 매일 죄와의 영적 전투가 있다. 자신을 노예화하는 중독과 나쁜 습관을 끊어야 한다. 우리 자신이 하나님의 성전임을 인정하고, 성령께서 미워하시는 것을 스스로 용납하지 않아야 한다. 우리의 삶 속에 끊임없는 유혹과 갈등이 있다. 마음 밑바닥에 예전의 죄악 된 습관을 즐기고 싶은 유혹이 남아 있음을 인정해야 한다. 그런 자신을 저주하지 말고, 회개하고 성령의 도우심을 구하라.

흑암의 권세자인 사탄을 두려워하지 말라. 아무리 깊은 어둠이라도 빛이 있으면 어둠은 능력을 잃게 된다. 사탄이 주는 염려와 두려움보다 주님의 십자가를 더 많이 묵상하라. 복음을 전해야 한다는 부담을 받아들여야 한다. 복음은 전도할 때 완성된다.

성령께서 우리 삶의 구석구석을 비추신다. 성령께서 우리를 인도하여 복음을 전파하게 하신다. 성령께서 우리가 받은 사명을 감당할 수 있게 도우신다. 성령께서 복음의 전달자와 수신자 위에 함께 역사하신다.

날마다 기쁨으로 복음을 전하자.
복음 전도의 전문가가 되자.

CHAPTER 5
전도가 어려운 이유와 해법

전도가 어려운 20가지 이유

전도를 잘하려면, 전도가 힘들고 어려운 이유를 먼저 알아야 한다. 전도가 어려운 20가지 이유를 살펴보고, 그 해법을 찾아보자.

전도가 어려운 20가지 이유

1 복음이 자신에게 복음이 되지 않아서다.
2 예수님을 사랑하지 않아서다.
3 전도의 기쁨과 보람을 체험하지 못해서다.
4 성경을 몰라서다.
5 자기를 사랑해서다.
6 체면을 잃거나 굴욕을 당할까 두렵기 때문이다.
7 자신에게 가장 큰 관심사가 복음이 아니기 때문이다.
8 다른 사람에게 구원을 주려고 애쓰기 때문이다.
9 세상의 경제 원리로 전도하려고 하기 때문이다.

10 자기 생각으로 구원받을 자를 속단하기 때문이다.
11 기도 없이 전도하려고 하기 때문이다.
12 전도가 자기 계획 안에 없기 때문이다.
13 훈련이 안 되어서다.
14 가장 어려운 방법을 선택해 전도하려고 하기 때문이다.
15 관계 맺음 없이 전도하려고 하기 때문이다.
16 핍박이 두려워서다.
17 게을러서다.
18 전도 대상자들이 이미 잘못된 복음을 듣고 편견과 반발심을 갖고 있기 때문이다.
19 자기 삶이 다른 사람에게 본이 안 된다고 생각하기 때문이다.
20 믿음이 없어서다.

1_복음이 자신에게 복음이 되지 않아서다

내가 복음화된 만큼이 바로 내가 다른 사람에게 복음을 전할 수 있는 최대치다. 내가 복음화되지 않으면 전도할 때 쓸데없는 생각을 하게 된다.

"나도 복음을 잘 모르고 확신이 없는데, 다른 사람에게 예수 믿으라고 말하는 것이 남을 속이는 것 아닌가? 거짓말하는 것 아닌가? 차라리 양심적으로 전도하지 말자" 하고 전도를 포기한다. 이것은 참으로 하나님 앞에 양심이 없는 것이다.

사명은 영어로 'mission'이다. 주님으로부터 주어진 완수해야 할 임무다. 군인은 명령을 받으면 즉시 실행해야 한다. 만약 군인이 명령을 받은 후 '이 명령이 옳은지 먼저 토론해 보자, 분석해 보자'라고 한다면 그는 진정한 군인이라 할 수 없다. 그런 일은 명령을 완수한 후에나 할 일이다. 우리는 영적 군사다. 주님의 명령은 완벽하고 의심의 여지가 없다. 우리의 임무는 먼저 순종하고, 믿음으로 그것을 수행하는 것이다. 우리에게 맡겨진 사명을 완수하기 위해 우리는 계속해서 복음을 알아 가고, 복음으로 살고, 복음을 전해야 한다.

2_예수님을 사랑하지 않아서다

예수님을 믿은 후, 사람들은 세 부류로 나뉜다.

1. 예수님을 믿고 열심히 교회를 섬기며 복음 사명을 감당하는 사람이다. 세상보다 주님을 더 사랑하는 사람이다.
2. 예수님을 믿고 성장도 변화도 더딘 사람이다. 세상과 하나님, 두 가지를 함께 좇는 사람이다.
3. 예수님을 믿고 다시 세상으로 돌아가는 사람이다. 주님보다 세상을 더 사랑하는 사람이다.

내가 받은 하나님의 은혜가 얼마나 큰지를 아는 만큼, 그 사람은 복음 사명을 충성되게 감당한다. 내가 하나님 앞에 얼마나 큰 죄인인지를 깨달은 만큼, 그 사람은 주님을 사랑하고 주님의 몸된 교회를 충성되게 섬긴다.

예수님을 믿은 후에도, 주님의 은혜를 맛본 뒤에도 변화되지 않는 사람을 우리는 정말 조심해야 한다. 그들이 교인이 되면 목회자가 너무 힘들게 되고, 동역자가 되면 배반당하기 쉽다.

나는 장로교 선교사님 댁에서 복음을 듣고 예수님을 믿은 후, 한동안 성령의 기쁨에 취해 살았다. 그런데 어느 날, 풍선처럼 부풀어 있던 내 마음에 마귀가 낙심의 생각을 집어넣어 주었다.

"넌 아무것도 아니야. 네가 뭘 몰라서 지금 영적 축복을 받았다며 기뻐하는데, 너는 옛날과 달라진 게 하나도 없어. 너는 그저 너일 뿐이야. 그러니 늘 하던 대로 하고 살아. 같은 죄를 계속 지으면 돼? 네가 갑자기 하나님께 영광을 돌리며 살고 싶다고 하는데, 네가 무슨 수로 하나님께 영광을 돌리겠니? 네가 잘하는 게 뭔데? 공부를 잘해서 노벨상을 탈 건가? 축구를 잘해서 월드컵에 나가 결승 골을 넣을 건가? 아니면 달리기를 잘해서 100미터를 9초대에 달릴 건가? 그것도 아니면, 피아노를 잘 쳐서 세계적인 음악 콩쿠르에 나가 1등을 해서 하나님께 영광을 돌릴 거니? 대체 네가 잘하는 게 뭐가 있니? 아무것도 없잖아. 네 현실을 봐라. 너는 변함이 없어. 창피를 당하기 전에, 까불지 말고 가만히 있어!"

바늘로 풍선을 콕 찌른 것처럼, 갑자기 바람이 훅 빠져나가며 영적 침체가 찾아왔다.

"그래, 맞아, 내가 잘하는 게 뭐가 있어? 남보다 잘하는 게 아무것도 없잖아."

그때 성령께서 내 마음에 한 가지 위로의 말씀을 던져 주셨다.

"예수님을 사랑하는 것만큼은 네가 세상에서 1등을 할 수 있잖니?"

그러자 깜깜한 방에 밝은 전등이 켜진 것처럼 내 안에 불안과 우울과 침체의 어둠이 순식간에 사라져 버렸다. 내가 성령께 물었다. "그것도 이기적인 욕심이 아닐까요? 다른 사람들도 1등을 하길 원할 텐데요." 그러자 성령께서 말씀하셨다. "그런 걱정은 안 해도 된단다. 공동 1등은 항상 허락되니까."

우리는 사랑하는 사람을 다른 사람에게 소개할 때 기쁘고 행복하다. 억지로 하지 않아도 마음에서 우러나와 자연스럽고 열정적으로 그 사람을 자랑하고 싶어진다. 마찬가지로 우리가 예수님을 진심으로 사랑하면, 기쁘고 즐거운 마음으로 자연스럽게 복음을 전하고 예수님을 소개할 수 있다. 예수님을 사랑하는 것은 그 누구나 1등이 될 수 있다.

3_전도의 기쁨과 보람을 체험하지 못해서다

영혼 구원에 대한 감격과 그로 인한 기쁨과 보람의 체험이 없어서 전도가 어렵다.

　　무슬림 세 가정을 전도했던 일이 생각난다. 무슬림을 전도하기는 참 어렵다. 이슬람권에서 오랫동안 선교해 온 분들도 무슬림 전도는 아주 어렵다고 말한다.

　　우리 교회에 무슬림에서 개종한 한 자매가 있었다. 하루는 그 자매가 슬픈 얼굴로 나를 찾아왔다. 그녀는 자기 아버지가 간경화로 병원 중환자실에 있는데, 의사가 사흘을 넘기기 어렵다고 말했다면서 병원에 와서 아버지를 위해 기도해 달라고 부탁했다. 나는 그 말을 듣고, 마음이 좀 착잡했다. 나는 그때까지 젊은 사람들 위주로 선교해 왔기 때문에 임종 기도를 해 본 적이 없었다. 나는 그 자매에게 일단 "알았습니다. 내일 오후 1시에 기도하러 병원에 가겠습니다. 병원에서 봅시다"라고 말했다. 내가 말은 그렇게 했지만 속으로는, "아, 가기 싫다"라는 생각이 가득했다.

　　나는 무슬림과 직접 만나 대화해 본 적이 한 번도 없었다. 그런 내가 무슬림 아버지를 만나면 뭐라고 기도해야 할지 생각하니 엄두가 안 나고 스트레스가 되었다. 의사가 3일 밖에 못 산다는데, 내가 가서 무엇을 어떻게 한단 말인가? 가서 어떤 기도를 해야 할까? 고민이 되어 마음에 큰 부담이 되었다. 차라리, 내일 아침에 일어났을 때, 그녀의 아버지가 지난밤에 안타깝게도 돌아가셨다는 소식을 들으면 좋겠다는 생각까지 들었다.

그날 밤에 나는 병원에 갈 걱정을 하며 기도하는데, 성령께서 "네 아내가 병원에서 간호사였지 않느냐, 무엇을 걱정하고 두려워하느냐. 네 아내랑 함께 가면 될 것 아니냐?" 하는 마음을 주셨다. 순간 아내가 병원에서 거리낌 없이 행동하고, 일을 처리하던 모습이 생각났다. 성령을 의지하고 병원에 가려고 할 때는 겁이 났는데, 아내를 의지해서 병원에 가려고 생각하니, 금세 마음이 평안해졌다. 아내도 "걱정하지 말아요. 나만 믿어요!"라며 나를 안심시켰다.

그다음 날, 우리는 차를 타고 1시간 30분을 달려 무슬림 병원에 도착했다. 도착해서 보니, 병원 건물이 무슬림 전통의 고동색으로 칠해져 있었고, 전체적으로 건물이 어두웠다. 다시 마음에 부담감이 밀려왔다. 그래도 아내를 의지하여, 아내 손을 잡고 중환자실을 올라갔더니, 의사가 불친절한 표정과 딱딱한 말투로 "여기는 한 명만 들어갈 수 있습니다" 하며 우리를 제지하였다. 아내를 의지해서 중환자실에 들어가려고 하였는데, 갑자기 의사가 한 명만 들어갈 수 있다고 하니 매우 실망스러웠다. 그러나 그 순간 성령께서 나에게 담대한 마음을 주셨다.

나는 중국어로, "아, 의사 선생, 나는 교회 목사인데, 교인 아버지를 위해 기도하러 왔소. 우리 둘 다 꼭 들어가야겠소" 하고 담대하게 말했다. 그랬더니 그 의사가 좀 전과는 달리 표정을 바꾸어

친절한 말투로 "아, 그렇습니까? 교회 목사가 와서 기도하면 병이 낫는 기적이 일어난다는 얘기를 들은 적이 있습니다"라고 말하며, 갑자기 자기 가운을 벗어 나에게 주었다. 그리하여 나는 졸지에 의사처럼 흰 가운을 입고 중환자실에 들어갔고, 아내는 방문자 자격으로 이름표를 걸고 나와 함께 들어갔다. 우리가 중환자실에 들어가니 중국인 의사 한 명과 간호사 한 명이 감시하는 눈빛으로 침대 하나 건너 3m 정도 거리에서 우리를 주시하고 있었다. 자매의 아버지는 살았는지 죽었는지 알 수 없고, 산소 호흡기 소리만 "후, 후" 하고 크게 들려왔다.

나는 순간 뭐라고 말해야 할지 막막했는데, 그때 일본에서 방송학을 공부하면서 보았던 영화와 드라마에서의 장면들이 떠올랐다. 영화나 드라마를 보면, 산소 호흡기를 단 채 의식 없이 누워 있는 환자에게 보통 이렇게 말하는 장면을 볼 수 있다. "저… 환자분! 제 목소리가 들리시면 눈을 깜빡이거나 손가락을 움직여 보세요." 나도 환자 옆에 가까이 앉아서, "아버님, 저는 따님이 다니시는 교회의 목사인데, 제 목소리가 들리면 눈을 깜빡이거나 손가락을 움직여 보세요"라고 말했더니, 그 죽은 것 같았던 환자가 손가락을 움직이고 눈꺼풀도 움직였다. 나는 속으로 '아, 아직 의식은 살아 있구나. 청각이 맨 나중에까지 살아 있다고 하던데…'라고 생각하며 "아버님! 제가 잠시 기도할게요. 잘 들으세요" 하고 기도하기 시작하였다.

"하나님, 이 불쌍한 영혼을 긍휼히 여겨 주옵소서. 이 땅에서 평생 고생만 하고, 오랫동안 질병을 앓다가 이제 사흘을 넘기기 어렵다고 합니다. 하나님, 제발 이분이 예수님을 믿고 모든 죄를 회개하고 천국 가게 해 주십시오."

그러고 나서 환자 귓가에 입을 바짝 대고 큰 소리로 "아버님, 우리가 죽으면 그다음에 가는 곳이 천국과 지옥 둘 중 한 곳입니다. 지옥은 죄인들이 가고, 천국은 예수님을 믿고 죄 문제를 해결한 사람만이 가는 곳입니다. 예수님이 내 죗값을 십자가에서 대신 치르시고, 나 대신 죽으셨기 때문에 예수님을 구원주로 믿으면 천국에 갑니다. 그러니 지금부터는 오직 예수 이름만 기억하시고, 예수 이름만 부르세요. 예수!"라고 소리쳤다.

그랬더니 환자의 낯빛이 붉어지며 눈꺼풀이 심하게 떨리고, 손가락도 경련이 일어난 듯 떨었다. 성령의 역사인가도 생각했지만, 혹시 무슬림에게 예수 믿으라고 소리친 탓에 환자가 화가 나서 저러는가 싶어서 어서 중환자실을 나가야겠다고 생각했다.

그러나 1시간 30분을 달려와서 불과 2분 만에 심방을 끝내고 나가려고 하니, 밖에서 기다리는 가족들에게 너무 성의 없이 심방한다는 인상을 줄 것 같아서 나는 나가려다 말고 옆에 서 있는 아내를 보며 말했다. "어이, 당신도 뭐 좀 어떻게 해 봐." 아내가 난감

한 표정을 지으며 환자 곁으로 다가갔다. 아내는 내가 하는 것을 보고 어떤 힌트를 얻었는지, 그 환자의 귀에 대고, "아버님, 제가 찬송가를 한 곡 불러 드릴게요" 하고, 중국 찬송가를 부르기 시작하였다.

"반스 반스 예수 지두, 주니 이와이 비에우 지우주, 티엔시아 런지엔 메이요 비에더 밍— 웨이요 니스 지우스—주—"(반석이신 예수님, 주님 이외에 다른 구주가 없네. 천하에 다른 이름은 없네, 오직 주님만이 구주가 되시네)

그런데 아내가 찬송을 1절밖에 부르지 못했다. 왜냐하면 항상 PPT를 보고 찬송을 부르다 보니까, 2절과 3절 가사를 못 외운 것이었다. 그래서 찬송이 1분도 안 되어 끝나 버렸다. 결국, 우리는 3분도 안 되는 심방을 마치고 중환자실 밖으로 나왔다. 가족들은 중환자실 밖에서 울고 있었다. 나는 가족들에게 기도했으니 너무 걱정하지 말고, 아버지에게 "가족들을 위해 평생 고생하셨습니다. 아버지, 너무 감사합니다. 아버지, 사랑합니다"라고 반복해서 말하고, 부정적인 말이나 슬픈 말은 하지 말고, 긍정적인 말과 감사의 말을 많이 하라고 권면하고 집으로 돌아왔다.

그로부터 이틀이 지나 주일 예배 설교를 마치고, 갑자기 그 자매 생각이 나서, 한 동역자에게 모자실에 가서 아이와 함께 예배드리고 있는 그 자매를 좀 불러오도록 부탁했다. 잠시 후에 자매가 아이를 안고 왔다. 나는 그녀에게 아버지의 상태가 어떤지 물어보았다. 그녀는 기쁜 얼굴로 "그러잖아도 목사님께 보고 드리려고 했습니다. 의사가 아빠의 모든 수치가 정상이 되었으니 내일 월요일에 퇴원하라고 합니다. 그리고 그날 중환자실에 있던 의사와 간호사도 예수님을 믿겠다고 하여, 제가 영접 기도를 인도했습니다. 또 아버지가 기적적으로 좋아지신 것을 보고, 임종을 보러 왔던 삼촌 부부와 오빠 부부도 예수님을 믿고 싶다고 하여, 오늘 교회에 와서 예배 드리고, 지금 2층에서 소그룹 리더들에게 복음을 듣고 있습니다"라고 흥분해 말했다. 할렐루야!

나의 적은 믿음과 짧은 기도와 간단한 복음 선포와 1절뿐인 찬양에도 하나님은 정말 신실하게 응답해 주셨다. 그리고 그 무슬림 세 가정과 의사와 간호사에게 구원의 은혜를 내려 주셨다. 예수님의 이름은 참으로 능력이 있다.

신학교에서 공부하던 시절에 나는 로마서 10장 13절 말씀에 의문을 품었다.

> 누구든지 주의 이름을 부르는 자는 구원을 받으리라 롬 10:13

우리가 한 시간 넘게 복음을 자세히 설명해 줘도 예수님을 안 믿는 사람들이 많은데, "예수" 이름을 부르는 것만으로 어떻게 구원을 얻는단 말인가 하는 의문이었다. 그건 불가능하다고 생각했다. 그런데 선교지에서 나의 의심과 부족한 신학을 성경의 저자이신 성령께서 실제 사례를 통해 증명해 주셨다.

하나님의 말씀은 내가 이해가 안 되어도 진리이고 사실이다. 하나님의 말씀을 진리로 믿고 받아들일 때, 우리는 더 놀랍고 큰 하나님의 일하심을 경험하게 된다. 말씀을 진심으로 믿고, 삶으로 실천하며 사는 사람들에게 기적은 단지 일상일 뿐이다.

어떤 성령의 역사와 기적이 일어나도 그 통로를 주목해서는 안 된다. 즉 통로로 사용된 사람을 주목하지 말아야 한다. 우리는 그 안에서 일하시는 예수님을 주목해야 한다. 그리고 오직 주님께만 감사와 영광을 올려 드려야 한다.

4_성경을 몰라서다

정말 성경을 안다면, 전도 안 하고, 선교 안 하는 것은 불가능하다.

한번은 내가 졸업한 컬럼비아 국제대학의 총장과 부총장이 북경을 방문하였다. 안전상 주일 설교는 내가 하였다. 설교를 시작하면서, "정말 성경을 알고, 주님의 제자라면 선교사가 안 되는 것은 불가능하다"라고 말했더니, 맨 앞줄에 앉아 있던 총장의 얼굴이 빨개지더니 고개를 숙였다. 그 총장과 나는 학번은 다르지만, 멀홀랜드 학장(Dr. Mulholland)의 학생이라는 공통점이 있었다. 멀홀랜드 학장은 그 총장의 오랜 멘토였고, 나는 그분의 마지막 학생이었다.

당시 멀홀랜드 교수는 세계적인 선교 권위자였다. 그의 글이 《미션 퍼스펙티브》에도 실려 있다. 총장이 학생이던 시절에 멀홀랜드 교수가 그에게, "너는 가르치는 은사가 있으니 선교사가 되지 말고, 공부를 더 해 학위를 받고 교수가 되어라"라고 말하였다고 한다. 나에게는 "네가 선교사로 나가는 것은 참 훌륭한 결정이다"라고 칭찬해 주었는데 말이다. 멀홀랜드 교수는 골수암 말기에 나를 가르쳤고, 나를 가르친 후 몇 개월 지나 주님의 품으로 돌아갔다. 하나님은 하나님을 사랑하는 사람들을 참 일찍 불러 가신다는 생각이 든다.

내가 선교사로 헌신한 것은 무슨 대단한 이유가 있어서가 아니다. 어떤 사람은 복음을 여러 번 들으면서도 거절하는데, 어떤 사람은 복음을 전해 주는 사람이 없어서 단 한 번도 들을 기회가 없이 죽는다는 사실에, 나라도 가야겠다고 헌신한 것뿐이다.

성경의 내용을 정말 사실로 믿는다면, 주님의 십자가 은혜가 얼마나 큰지를 안다면, 그리고 주님의 지상명령이 얼마나 엄중하고 중요한 것인지를 안다면 그 누구도 주님의 부르심에 불순종할 수 없다.

5_자기를 사랑해서다

주님은 자기를 부인하라고 말씀하셨다. 자기를 부인한다는 것은 자기 뜻을 버리고, 하나님의 뜻에 순종하는 것이다. 자기 마음대로 사는 것이 아니고 하나님 말씀대로 사는 것이다. 자기 육신의 정욕과 생각을 좇아 사는 것이 아니라 성령 안에서 성령의 사람으로 사는 것이다.

자기를 사랑하는 사람은 다른 사람에게 복음을 전하기가 힘들다. 귀찮은 일은 하기 싫어하기 때문이다. 그런 사람들은 힘들고 손해 보고 귀찮고 자존심 상하는 일은 사양한다. 하나님을 사랑하고 이웃을 사랑하는 자가 되어야 전도할 수 있다.

6_체면을 잃거나 굴욕을 당할까 두렵기 때문이다

전도자가 사람들을 지나치게 의식하거나 체면을 중시하면 전도하기 힘들다. 자신의 평판이 손상되거나 굴욕을 당할까 봐 두려워하기 때문이다. 자존심이 강한 사람은 전도를 잘 못 한다. 상대방이 매몰차게 거절하면, 화가 나서 굿뉴스가 아닌 베드뉴스를 전한다. 전도할 때, 상대방이 순조롭게 예수님을 구주로 영접하는 경우는 매우 적다. 항상 전도의 장애들이 있고 거절이 기본이고, 무시를 당하고, 어떤 때는 핍박까지 당한다. 그래서 많은 그리스도인이 전도하는 것에 두려움을 갖는다. 특히 사회적인 직위가 높은 사람은 자신의 체면이 손상될까 봐 전도하기를 꺼린다. 교회에서도 직분자일수록 자신의 평판이 손상되거나 굴욕을 당할까 봐 전도하는 것을 두려워한다. 어떤 사람은 전도하다가 불신자가 질문한 것에 제대로 답을 못할까 봐 두려워한다. "교회를 그렇게 오래 다녔는데 그것도 모르느냐?" 하고 창피를 당하고 체면을 잃을까 봐 겁내고 두려워한다.

어떤 그리스도인은 전도하다 몇 차례 실패를 하게 되면, 전도와 자기는 안 맞는다고 단정하고 스스로 전도의 문을 닫아 버린다. 사실, 전도에는 실패가 없다. 하나님이 구원의 은혜를 베푸시기로 작정한 자라면 구원을 얻는 여정 안에 있을 뿐이다.

불신자들은 누구나 이제까지 살아온 자신의 길이나 신념이나 종교가 있어 그것을 쉽게 바꾸려 하지 않는다. 그러므로 불신자는 대부분 복음을 거절하는 것으로부터 그 관심을 시작한다. 옛날 예수님을 믿기 전의 자기 모습을 회상해 보라. 얼마나 냉정하게 복음을 거절하고 전도한 사람에게 화내고 핍박했는지 생각해 본다면, 모든 불신자에게서 우리는 희망을 볼 수 있다.

7_자신에게 가장 큰 관심사가 복음이 아니기 때문이다

사람들은 자기가 관심 있는 것을 말하고 전하게 되어 있다. 전도를 잘하려면, 대상자의 관심사를 빨리 알아채야 한다. 그의 관심

사는 곧 세계관과 연결되어 있다.

다음은 필자가 개발한 〈현재 내 삶의 우선순위 진단법〉이다. 이 진단을 통해 우리는 한 사람의 우선순위를 빠르게 파악할 수 있다. 우선순위를 통해 그 사람의 관심사와 세계관을 알 수 있으며 이로써 복음의 접촉점과 복음 제시의 전략을 세울 수 있다.

진단 방법은 자신에게 있어 가장 중요하고 가치 있다고 여기는 것을 순서대로 적는 것이다. 1번은 자신이 가장 중요하게 여기는 것이고, 2번보다 더 중요한 것이다. 마지막 7번은 가장 덜 중요한 것이다. 이때 문장이 아닌 명사로 적어야 한다.

현재 내 삶의 우선순위 진단법(by Dr. W. Shin)

명사로 작성한다.

1 _____
2 _____
3 _____
4 _____
5 _____
6 _____
7 _____

신앙인의 우선순위와 불신자의 우선순위는 다르다. 기독교에 마음이 열린 관심자들을 대상으로 복음을 전하기 위해 저자의 진단법을 사용해 조사해 보았더니, 다음과 같은 결과가 나왔다.

불신자 중에 기독교 관심자들의 우선순위

1 돈
2 일(공부)
3 회사
4 가족(자녀)
5 건강
6 배우자(부모님)
7 취미(신앙)

직장인들은 압도적으로 돈과 일이 우선이었고, 학생들은 공부와 돈을 각각 1, 2위로 답했다. 진단에 참가한 사람들의 직업과 나이와 가족 안에서의 책임감과 종사하는 일의 중요도와 질병 유무에 따라 우선순위는 조금씩 차이가 있다. 그러나 일반적으로 응답자의 90% 이상은 돈과 일을 1, 2위에 두었고, 신앙 또는 종교는 맨 나중이거나 아예 우선순위에 없었다.

성경적 우선순위를 정리하면 다음과 같다.

1 신앙(하나님, 복음)
2 배우자(남편, 아내)
3 자녀(가족)
4 교회(사업, 회사)
5 건강
6 일
7 돈(물질)

이 우선순위는 하나님의 창조 순서와 관련된다. 하나님이 계시므로 인간이 존재하고, 배우자가 있으니 자녀와 가족이 존재하고, 신앙 공동체가 존재하고, 할 일과 삶의 필요들이 존재한다.

참고로, 마귀가 이끌어 가는 세상의 우선순위는 아래와 같이 성경의 우선순위와 정반대로 나타난다.

1 돈
2 일
3 건강
4 회사(사업가의 경우)
5 자녀
6 배우자
7 신앙

8_다른 사람에게 구원을 주려고 애쓰기 때문이다

구원은 내가 상대방에게 주는 것이 아니라 성령의 사역이다. 우리의 역할은 복음의 내용을 잘 전달해 주는 것이다.

구원은 여호와께 있사오니 주의 복을 주의 백성에게 내리소서 시 3:8

하나님은 만물의 창조자요 심판자요 구원자이시다. 인간이 어리석은 것은 자신이 피조물인 사실을 자주 망각한다는 것이다. 그래서 자기 생각을 하나님의 말씀과 동일선상에 놓고 갈등하며 고민하는 오류를 범한다.

이 사람아 네가 누구이기에 감히 하나님께 반문하느냐 지음을 받은 물건이 지은 자에게 어찌 나를 이같이 만들었느냐 말하겠느냐 롬 9:20

하나님은 창조자이시요 우리는 피조물이다. 하나님은 명령하시는 분이요 우리는 순종해야 할 의무가 있는 자들이다. 그러므로 우리는 하나님의 말씀을 항상 최우선에 두어야 한다. 하나님의 말씀이 늘 내 생각 위에 자리 잡고 있어야 한다.

한 성도가 나에게 이런 질문을 문자로 보내 왔다.

"복음을 듣고 영접 기도까지 했는데, 교회에 안 나오는 사람은 어떻게 생각해야 할까요? 그 사람은 그리스도인입니까? 구원받은 자입니까, 아닙니까?"

나는 그에게 "그 사람은 현재 하나님의 구원 계획 과정 안에 있는 사람이라고 볼 수 있습니다. 우리도 현재 하나님의 구원 계획 안에서 전도하고 있는 것입니다"라고 답했다.

9_세상의 경제 원리로 전도하려고 하기 때문이다

어떤 사람들은 세상의 경제 논리를 복음 전도에 적용하려고 한다. 경제 논리는 최소의 노력으로 최대의 효과를 얻고, 최소의 투자로 최대의 이익을 얻는 원리다. 즉 최소 비용의 원칙과 이윤의 극대화를 추구한다.

많은 그리스도인이 고생하지 않고 쉽게 전도하려고 한다. 그것은 고생 없이 쉽게 돈을 벌려는 사람들과 같다. 어떤 사람은 예수님을 믿고 죄를 용서받고, 영원한 생명을 얻고, 하나님의 자녀가 되고, 천국을 소유하는 이 엄청난 하나님의 구원 프로젝트에 최소의 투자와 최소의 노력으로 참여하려고 한다. 고생하지 않고, 손해 보지 않고 사명을 완수하려고 한다. 자기 십자가를 메려고 하지 않는다. 30초 전도, 1분짜리 전도, 3분 전도…, 전도의 은사도 없는 사람이 너무 쉽게 전도하려는 방법을 선택하는 것 자체가 이미 틀렸다. 그것은 예수님도 하시지 않은 방식이다.

예수님은 하나님의 백성을 죄에서 구원하기 위해 십자가에서 고난받으시고, 생명까지 바치셨다. 나를 살리기 위해 주님은 모든 피를 나에게 수혈해 주셨다. 예수님은 최대의 투자와 최대의 희생과 대가 지불로 나의 구원을 이루셨다. 이것은 세상의 경제 논리와는 정반대다.

하나님은 어떤 상황에서나 어떤 사람에게도 역사하실 수 있는 전능하신 분이다. 그러나 우리의 마음을 보시고, 마음의 중심을 보신다. 변질되고 잘못된 전도 방법은 다른 사람이 전도할 기회마저 날려 버린다. 전도에 대한 성경적 원리와 예수님과 제자들이 보여 준 복음 전도의 본을 우리는 따를 필요가 있다.

10_자기 생각으로 구원받을 자를 속단하기 때문이다

우리 주위에는 불신자들이 너무도 많다. 비율로 따지면 80%가 넘는다. 그런데 우리는 전도할 사람과 안 할 사람을 지나치게 따지고 구별한다. 이 사람 저 사람 다 빼고 나면 내 주위에는 전도할 사람이 항상 없게 된다.

이전에 불신자였다가 전도를 받고, 현재는 목사, 선교사, 전도자가 된 사람들이 아주 많다. 그들의 간증을 들어 보면, 자신들이 복음 헌신자가 될 것이라고 생각한 사람은 한 사람도 없다. 그러므로 복음을 전할 때 상대방에 대해 너무 속단하면 안 된다. 모든 사람은 복음이 필요하다. 전도는 복음의 마지막 순종이다. 전도할 때마다 하나님 아버지의 마음을 품고 한 영혼 한 영혼을 바라보아야 한다.

11_기도 없이 전도하려고 하기 때문이다

말씀과 기도의 기능은 무엇인가? 말씀은 우리 믿음의 근거를 제공하고, 기도는 우리에게 그 근거에 대한 확신을 준다. 기도할 때, 성령은 방법과 전략과 아이디어를 주시고 확신을 주신다.

> 새벽 아직도 밝기 전에 예수께서 일어나 나가 한적한 곳으로 가사 거기서 기도하시더니 시몬과 및 그와 함께 있는 자들이 예수의 뒤를 따라가 만나서 이르되 모든 사람이 주를 찾나이다 이르시되 우리가 다른 가까운 마을들로 가자 거기서도 전도하리니 내가 이를 위하여 왔노라 하시고
> 막 1:35-38

예수님은 전도하기 전에 기도로 준비하셨다. 35절의 "기도하시더니"에 해당하는 헬라어 '프로슈케토'는 미완료 시제다. 이것은 과거에 진행 중이거나 반복되는 행동을 설명하는 동사 시제로 예수님이 기도의 끈을 늦추지 않고 지속적이고도 열심히 기도하셨음을 나타낸다.

기도하지 않고 하는 일은 '나의 일'이 된다. 그러나 기도하고 하는 일은 하나님이 주관하시고 인도하시는 '하나님의 일'(사역)이 된다. 기도할 때, 우리는 성령이 일하심을 체험하고, 기도 없이 사역할 때 마귀의 역사를 실감한다.

12_전도가 자기 계획 안에 없기 때문이다

대부분의 사람은 자기가 세운 계획 안에서 활동한다. 전도가 어렵고 힘든 것은 자신의 계획 안에 전도가 아예 없기 때문이다. 우리가 생각해 보지도 않은 일을 갑자기 하기는 힘든 것처럼, 계획에 없던 전도를 하느라 시간과 물질을 투자하기는 매우 어려운 일이다.

어떤 사람은 자기 계획에 없는 것을 해야 한다는 생각만으로도 스트레스를 받는다. 그리고 성공 보장도 없는 전도를 하느라고 시간과 노력을 들여 수고하길 원하지 않는다.

그러나 예수님은 명령하신다.

> 또 이르시되 너희는 온 천하에 다니며 만민에게 복음을 전파하라 막 16:15

우리가 주님의 복음 전파 명령을 진심으로 받아들일 때, 전도 계획을 세우고 전도할 마음이 생긴다.

13_훈련이 안 되어서다

내가 전도 훈련을 받아도, 훈련받은 대로 상대가 반응해 주지 않으면 어떻게 해야 할지 몰라 전도를 멈추게 된다. 그런데 전도 훈련을 안 받으면, 전도를 아예 시작할 수조차 없다.

우리가 복음을 전할 때, 복음을 전할 수 없는 두 가지 상황이 있다.

하나는, 내 자신이 복음화되어 있지 않으면 다른 사람을 전도할 수 없다. 나도 잘 모르는데 다른 사람에게 복음을 전하기는 어렵다. 내가 복음화된 만큼, 다른 사람에게 확신을 가지고 복음을 전할 수 있다.

두 번째는, 나는 복음을 전하고 싶지만, 상대가 원하지 않을 때다. 전도 대상자가 나에게 복음을 전할 기회를 주지 않는 경우다.

그러므로 지속적인 전도 훈련이 필요하다. 전도 훈련은 한두 번 받는다고 끝나는 것이 아니라 평생 훈련이다. 전도 역량의 업데이트가 계속적으로 필요하기 때문이다.

허드슨 테일러(Hudson Taylor) 선교사는 "아무리 헌신되어 있어도 훈련받지 않으면 하나님께 쓰임 받지 못한다"라고 말했다.

성령의 은사를 받고, 큰 영적 체험이 있어도 훈련받지 않으면 교만하게 되어 위험하다.

14_가장 어려운 방법을 선택해 전도하려고 하기 때문이다

그리스도인들에게 어떻게 전도하느냐고 물으면, 의외로 많은 사람이 자기는 삶으로 전도하고 있다고 대답한다. 여러 전도 방법 중에서 삶으로 전도하는 것은 가장 시간이 오래 걸리고 또 어렵다. 전도 대상자를 실망시키거나 상처 주는 말과 행동을 조금만 하게 되어도 전도하기가 힘들어진다.

필자가 쓴 《누구나 전도》의 "5장 삶으로 전도하기"를 읽어 보면, 더 상세한 설명과 전도 노하우를 얻을 수 있다.

전도하기 어려운 방법을 선택하면, 전도는 우리에게 항상 어렵고 힘들게 느껴질 수밖에 없다.

15_관계 맺음 없이 전도하려고 하기 때문이다

전도의 은사가 있는 사람은, 낯선 사람에게도 쉽게 복음적인 대화를 시작하고 복음 제시를 한다. 특별한 훈련을 받지 않아도 그때그때 성령의 인도에 따라 복음을 전할 수 있다. 그러나 전도의 은사가 없는 사람은 자주 만나는 사람에게도 복음을 전하지 못한다. 심지어 교회 전도지를 나눠 주는 것조차도 어려워한다.

그러므로 자신과 관계를 맺고 있는 사람들 중에서도, 현재 관계가 아주 좋은 사람 순으로 전도를 시작하는 것이 좋다. 먼저 자기에게 맞는 전도 방법을 선택하고, 전도 훈련을 받고, 관계가 좋은 사람부터 교회로 인도하거나 적당한 때에 복음을 전해야 한다.

16_핍박이 두려워서다

많은 그리스도인이 전도하다가 받는 핍박이 두려워서 전도를 안 하려고 한다. 만약 상대가 강퍅하게 나오고, 험악하게 나오고, 자신을 핍박하면 어떡하나 하고 두려워한다. '전도하지 않으면, 그런 일은 발생하지 않을 텐데'라고 생각한다. 그러나 우리는 예수님이 주신 말씀을 기억하고, 전도하다가 핍박받을 때 오히려 더욱 기뻐하고 감사해야 한다.

> 나로 말미암아 너희를 욕하고 박해하고 거짓으로 너희를 거슬러 모든 악한 말을 할 때에는 너희에게 복이 있나니 기뻐하고 즐거워하라 하늘에서 너희의 상이 큼이라 너희 전에 있던 선지자들도 이같이 박해하였느니라
> 마 5:11-12

주님은 전도하는 자를 기뻐하시고, 복음을 전하는 자와 항상 함께하신다.

> 그러므로 너희는 가서 모든 민족을 제자로 삼아 아버지와 아들과 성령의 이름으로 세례를 베풀고 내가 너희에게 분부한 모든 것을 가르쳐 지키게

하라 볼지어다 내가 세상 끝날까지 너희와 항상 함께 있으리라 하시니라
마 28:19-20

이 명령은 누구에게 주신 것인가? 이것은 예수님이 모든 제자에게 주신 지상명령으로 곧 복음을 전하는 자들에게 주신 약속의 말씀이다.

17_게을러서다

그리스도인은 누구나 복음을 전할 수 있다. 복음을 전할 수 없는 그리스도인이란 존재하지 않는다. 자신이 게을러서 복음을 전하지 않는 사람만 있을 뿐이다. 게으른 사람은 성령이 저 사람에게 복음을 전하라고 거듭 인도해도 순종하지 않는다. 복음을 전할 수 있는 사람이 되게 해 달라고 하나님께 기도하지도 않는다. 육체가 게으르고, 마음이 게으르기 때문이다.

18_전도 대상자들이 이미 잘못된 복음을 듣고 편견과 반발심을 갖고 있기 때문이다

우리가 복음을 전하려는 사람들은 대부분 이미 몇 차례 다른 그리스도인들로부터 복음을 접해 본 사람들이다. 그중에는 변질되고 잘못 전달된 복음도 있고, 전도자의 미성숙한 언행으로 인해

상처받은 사람들도 있고, 복음이 강요와 스트레스로 잘못 인식되어 복음에 대해 부정적인 선입견을 가진 사람들이 많다. 그래서 갈수록 쉽게 전도하기 힘든 시대가 되었다.

불신자들이 악해서 그런 것이 아니라, 그리스도인들이 그렇게 만든 잘못이 크다. 성경적으로 검증되지 않는 전도 방법일수록 그런 후유증을 더욱 낳는다. 이런 사람들에게 전도할 때는 섬기면서 전도하고, 상대를 존중하며 전도하고, 너무 서두르지 말고 신뢰를 얻고 좋은 관계를 형성해 가며 전도해야 한다.

19_자기 삶이 다른 사람에게 본이 안 된다고 생각하기 때문이다

나의 삶이 다른 사람들에게 좋은 본보기가 되지 않는다고 생각하는 것은 겸손하고 정직해 보일 수 있지만, 이러한 사고방식은 변명이 될 수 있다.

내가 사회적으로 잘 되고, 가정도 화목하고, 아이들이 공부도 잘 하고, 부부관계도 좋고, 내가 가진 좋은 점들이 많으면, 다른 사람들의 부러움과 선망의 대상이 되는 것은 사실이다. 하지만 성공적인 삶은 나에게 자신감을 줄 수도 있지만, 다른 사람들의 미움과 질투의 대상이 될 수도 있다.

예를 들어, 부자이고, 인물도 좋고, 실력도 좋고, 가정도 화목한 사람이 전도를 열심히 잘 하는가? 아니다. 그 사람들은 바빠서 전도할 생각도 하지 않는다. 그들은 부유하고 풍요롭게 살기 때문에 하나님의 도움을 그다지 필요로 하지 않는다. 그들은 복음을 전하기보다는 자신의 성공 사례를 나누는 데 더 집중한다. 사실, 가난하고 고난을 겪는 사람들이 복음을 더 진지하게 받아들이고 더 열정적으로 복음을 나누는 경우가 많다.

그러므로 우리가 잘되면 전도를 쉽게 할 것 같지만, 꼭 그렇지는 않다. 사람들이 나를 부러워하고 내 말에 귀 기울인다고 해서, 그들이 내가 믿는 예수님을 반드시 믿게 되는 것은 아니다. 그들은 나의 신앙보다 나의 성공이 부러워서 잠시 내가 다니는 교회를 몇 번 나오는 것뿐이다. 그들은 예수님을 믿어도 물질적인 축복을 못 받는다고 생각되면, 가장 먼저 예배에 불참한다.

하나님은 지금 이대로의 나를 통해서도 얼마든지 복음을 전하실 수 있다.

20_믿음이 없어서다

많은 그리스도인이 전도해야 한다는 사명을 잘 알고 있고, 전도 훈련도 받는다. 그런데도 전도를 못 한다. 전도하고자 하는 마음은 있지만, 실제로는 전도를 시도하기조차 힘들어한다.

무엇이 문제인가? 믿음이 없기 때문이다.

> 몸은 죽여도 영혼은 능히 죽이지 못하는 자들을 두려워하지 말고 오직 몸과 영혼을 능히 지옥에 멸하실 수 있는 이를 두려워하라 **마 10:28**

성경은 하나님을 경외하고, 두려워하라고 가르친다. 또한 마귀를 두려워하지 말고, 대적하라고 말한다. 그런데 갈수록 많은 그리스도인이 오히려 마귀를 두려워하고, 하나님을 두려워하지 않는다.

마귀는 굵은 밧줄에 묶여 있는 사나운 개처럼 우리를 위협하고 두렵게 한다. 금방이라도 달려들어 나를 물어뜯을 것처럼 으르렁거린다. 그러나 마귀를 두려워할 필요가 없다. 마귀는 묶여 있는 개와 같다.

마귀와 싸워 승리해야만 전도할 수 있다는 생각을 버리라. 전도를 해야 마귀에게 승리하는 것이다. 복음 전도는 사탄의 권세를 무너뜨리는 가장 강력한 수단이다. 그리고 나의 승리로 인해 전도할 수 있는 것이 아니라 예수님의 승리에 힘입어 전도할 수 있는 것이다. 마귀는 십자가에서 예수님께 이미 패배하였고, 우리는 예수 안에서 주님이 이루신 승리를 믿음으로 받고 기뻐하며 복음을 선포하는 것이다.

> 우리 주 예수 그리스도로 말미암아 우리에게 승리를 주시는 하나님께 감사하노니 **고전 15:57**

믿음은 하나님에 대한 신뢰다. 그래서 가장 큰 믿음은 하나님께 내 인생 전부를 거는 믿음이다. 불완전하고 문제 많은 자신에게 인생을 맡기지 말고, 전능하신 하나님께 자신을 맡기는 믿음이 필요하다. 기도로써 믿음을 구하고 담대한 마음으로 복음을 선포하자.

CHAPTER 6

의사소통의 파손과
문화적 존재의 이해

의사소통의 파손

전도를 위해 많은 교회가 다양한 훈련과 전도 프로그램을 반복적으로 진행한다. 그러나 그 과정에서 늘 간과되는 중요한 요소가 있다. 바로 '의사소통'과 '문화적 존재'에 대한 이해와 숙지의 부족이다.

이 장에서는 복음 전달에 큰 영향을 미치는 **의사소통의 파손과 문화적 존재로서의 인간 이해**에 대해 살펴보고자 한다.

만약 전도자가 복음의 내용을 명확하고 효과적으로 잘 전달했는데도 상대가 복음을 받아들이지 않는다면, 그것은 전도자의 책임이 아니다. 그러나 전도자가 하는 말을 상대방이 이해하지 못해서 복음을 받아들이지 못한다면, 그것은 전도자의 책임이라 할 수 있다. 그러므로 복음 전도에 있어서 의사소통(Communication)에 발생하는 장애와 파손의 원인을 먼저 잘 알고 숙지할 필요가 있다.

의사소통에는 전달자와 받는 자가 반드시 존재한다. 한 사람이 열심히 무언가를 말하는데, 듣는 사람이 잘 알아듣지 못하고 이해하지 못하는 경우가 많다. 왜 그런가? 무엇 때문인가?

1_언어가 달라서다

서로 언어가 다르니 당연히 말이 통하지 않고, 의사소통이 안 된다. 한 사람은 영어로 말하는데, 다른 사람은 한국어로 말한다면 아무리 열심히 말해도 의미 전달이 안 된다. 사투리가 너무 심해도 정확한 의사소통이 안 된다.

2_관심사가 달라서다

한 사람은 주식에 관심이 많은데, 다른 사람은 스포츠에 관심이 많다면, 대화하여도 서로 관심사가 다르니 의사소통이 잘 안된다. 많은 대화를 나눌지라도 대부분 기억에 남지 않는다.

3_문화가 달라서다

서로 살아온 배경, 성장 과정, 각자가 습득한 학습과 경험이 다르므로 의사소통이 잘되지 않는 경우가 있다. 아주 가난한 집에서 자란 사람과 없는 것 없이 부유한 가정에서 자란 사람이 대화를 나눌 때, 상대방이 어떤 것을 중요시하고 집착하고 추구하고 원하고 싫어하는지를 이해하지 못할 수 있다.

내 아내는 바닷가에서 태어나 자랐기 때문에 바다 음식을 좋아하고, 바다에 대한 지식과 추억이 많다. 아내가 바다 음식과 갯벌에 관한 이야기를 열심히 들려주어도 평야에서 태어나 도시에서 자란 나는 대부분 이해하지 못한 채 듣곤 한다.

다른 예로, 그 지방에서는 문제가 없던 일이 다른 지방에서는 문제가 되는 일도 있고, 그렇게 말해도 괜찮은 것이 있고, 그렇게 말하면 크게 오해를 받는 경우가 있다. 서로 문화가 달라서 그렇다.

4_종교가 달라서다

서로 다른 종교를 믿을 때, 의사소통이 잘 안된다. 서로 즐겨 사용하는 용어가 다르니 주의해서 들어도 상대방이 무슨 말을 하는지 잘 이해하지 못한다. 예를 들어, 기독교인이 다른 종교를 믿는 사람에게 복음을 전할 때, 십자가의 대속, 성화, 구원, 칭의, 거듭남, 구속, 부활 등에 대해 열정적으로 말해도 상대방은 이해하지 못할 수 있다.

그러므로 전도 대상자가 알아듣기 쉬운 용어를 선택하고, 이해하기 쉽게 개념을 풀어서 설명해야 한다.

5_가치관이 달라서다

한 사람은 돈, 학벌, 명예, 외모를 중요하게 여기고, 다른 사람은 그렇지 않다면 가치관의 차이로 서로 말이 통하지 않을 수 있다.

예를 들어, 결혼 배우자를 찾을 때, 한 사람은 결혼 조건으로 안정적인 직장과 부가 갖추어진 성격 좋고 준수한 외모의 배우자를 원하는데, 다른 사람은 신앙만 좋으면 된다고 한다면, 서로 이해가 안 되어 대화가 잘 안된다.

6_신념이나 사상이 다를 때다

각자의 신념과 이념이 다르면, 정상적인 의사소통이 어렵고 전달하고자 하는 내용이 서로에게 제대로 전달되지 않는다. 또 각자의 사상과 이념을 평행선처럼 계속 주장하면 관계 유지 자체가 어렵게 된다.

7_분위기가 산만하고 시끄러우면 의사소통이 잘 안된다

잘 듣고 이해하려고 해도 주변이 시끄럽고 분위기가 산만하면 집중이 잘되지 않고, 상대방이 하는 말을 자주 놓치게 된다. 이런 환경에서는 깊이 있는 복음의 메시지를 전달하기가 어렵다. 복음을 전할 때는 서로 편안함을 느낄 수 있는 조용한 장소를 선택해야 한다.

8_선입견을 가지고 대화하면, 의사소통이 잘 안된다

우리는 하나님 앞에서 모두 같은 죄인일 뿐이다. 선입견을 내려놓고, 주님의 사랑과 영혼 구원의 관점에서 복음적인 대화를 나누어야 한다. 우리는 모두 죄인이며 죄에는 심판과 형벌이 따르지만, 예수님의 십자가 대속으로 말미암아 죄 문제가 해결되었음에 초점을 두고 대화를 풀어 가는 것이 필요하다.

9_기분 나쁘게 말하거나 판단하는 말을 자주 하면 상대방이 듣기 싫어하며 마음을 닫을 수 있다

상대방을 칭찬하고 격려하며 은혜를 끼치는 선한 말을 할 줄 알아야 한다.

> 무릇 더러운 말은 너희 입 밖에도 내지 말고 오직 덕을 세우는 데 소용되는 대로 선한 말을 하여 듣는 자들에게 은혜를 끼치게 하라 **엡 4:29**

10_심리적 요인이나 질병으로 인해 의사소통에 문제가 생길 수 있다

심리적 또는 육체적 질병으로 집중하지 못하거나 고통으로 인해 오래 들을 수 없거나 두려움, 낙심, 절망감 등으로 인해 의사소통에 심각한 파손이 생길 수 있다.

문화적 존재로서의 인간

사람들은 저마다 성장 배경이 다르고, 세계관과 문화가 다르다. 한 사람의 세계관은 그 사람이 속한 문화와 경험과 습득한 것들에 의해 종합적으로 형성된다.

우리는 모두 문화적 존재이고, 문화에 갇혀 살고 있다. 우리는 다양한 문화가 섞인 복합적인 존재들이다. 하나의 이름과 하나의 주민 번호를 가지고 있지만, 내면은 매우 복잡하다.

스테인 교수는 한 사람을 자세히 풀면, 다음과 같다고 설명한다.

"출생, 타고난 성격, 문화 접촉, 문화 적응, 문화 변용, 과거의 경험, 현재의 경험, 교육과 학습 등이 모두 더해져(all added) 하나의 특정한 세계관을 형성한 문화 속에 갇힌 한 개인이 존재하게 된다."

즉 우리는 모두 문화적 존재라고 할 수 있다. 변질되지 않은 복음을 잘 전하려면 문화적 존재로서의 전도 대상자를 이해하는 것이 필요하다.

1_내가 100% 한 지역의 사람이 아닌 것을 인정해야 한다

어떤 지역에서 태어나 자랐다고 해서 문화적으로 그 지역의 순토박이라고는 할 수 없다. 우리가 이것을 인정할 때, 우리는 많은 사람들과 생기는 갈등과 오해와 관계십의 피곤함으로부터 훨씬 더 자유로울 수 있다. 그리고 서로의 차이와 다름을 자연스럽고 당연하게 받아들이게 된다.

서울 사람, 경상도 사람, 충청도 사람, 전라도 사람, 강원도 사람, 제주도 사람… 서로 문화적으로 다 차이가 있다. 같은 지역에 사는 사람들 중에서도 이사를 많이 한 사람, 다른 도시에서 공부하거나 직장을 다니고 있는 사람, 한곳에서만 계속 사는 사람 등등은 각자 문화적인 차이와 그로 인한 사고방식의 차이가 크다.

오늘날 우리는 TV나 인터넷을 통해 다른 문화를 접하고 다른 취미와 다른 관심사를 가지고 사람들과 교제하며 서로 영향을 주고받으며 섞여 살고 있다. 그러므로 나는 100% 서울 사람, 나는 100% 어디 사람이라고 단정해 말할 수 없다. 이런 이유들로 많은 사람들은 문화적 존재로서의 서로를 이해하지 못해 오해하고 갈등하고 다툼으로써 관계의 어려움을 겪는다.

"그때 내가 분명히 말했잖아요. 내가 말할 때 뭘 들은 거예요? 내 말을 이해하지 못한 거예요?"라며 실망하고 다투고 갈등한다. 분명한 것은, 아무리 집중해서 듣는다 해도 오해와 차이가 발생한다는 것이다. 우리 모두는 서로 다른 문화적 존재이기 때문이다.

우리가 타문화를 접하게 될 때마다 우리의 문화적 존재는 더욱더 다른 사람과의 차이를 만든다. 사람들과의 관계와 이해에 있어서도 더 큰 차이가 발생한다. 그러므로 문화적인 존재로서의 나와 상대방을 이해하고 파악하는 것은 변질되지 않는 복음을 전하는데 무척 중요한 부분이라고 할 수 있다.

Dr. Shin's 문화적 존재 진단법 [문화적 존재로서의 나]

자신이 타문화권에서 생활한 기간에서 현재 나이를 나눈 뒤 100을 곱하면, 문화적 존재로서 나의 퍼센티지(%)가 나온다.

(타문화권에서의 생활 기간 ÷ 현재 나이) × 100 = %

2_내가 100% 출생지 사람이 아닌 것을 인정해야 한다

예를 들어, 현재 나이 50세인 한 남성이 있다고 하자. 그는 대구에서 출생하여, 대학은 서울에서 다녔고, 군대는 강원도 화천에서 복무하였으며, 대전에 있는 회사에서 직장생활을 하고 있다.

필자가 개발한 진단법으로 분석하면, 다음과 같은 문화적 존재의 결과가 나온다.

> 대구 18년(초·중·고) ÷ 50세 = 36%
> 서울 6년(대학·대학원) ÷ 50세 = 12%
> 화천 3년(군대) ÷ 50세 = 6%
> 대전 23년(직장) ÷ 50세 = 46%

위 남성은 대구 출신의 사람이지만, 문화적으로는 100% 대구 사람이라 할 수 없다. 46%는 대전 사람이고, 12%는 서울 사람이며, 6%는 군대 문화를 가진 사람이다.

즉 만약 누군가가 그를 100% 대구 사람이라고 생각하고 대화를 시작하면, 36%는 기대와 일치하지만, 64%의 불일치가 생길 수 있다. 그러므로 우리가 상대를 문화적인 존재로서 이해할수록 우리는 더욱 더 효과적이고 파손되지 않는 의사소통을 할 수 있고,

복음적인 대화를 쉽게 할 수 있다.

우리가 배우고 경험한 모든 것은 모두 유용한 자원이고, 복음 전도에 실제적인 도움이 된다. 여러 도시에서 살며 습득한 다양한 문화적 경험들이 우리가 복음을 전할 때 상대와의 접촉점이 되고, 상대방을 더 잘 이해할 수 있게 한다.

3_나는 100% 한국인이 아닌 점을 인정해야 한다

우리가 타국에서 생활한 기간에 현재 나이를 나눈 후 100을 곱하면, 문화적 존재로서 나의 타문화 퍼센티지(%)가 나온다.

예를 들어 보면, 다음과 같다.

> 27년(한국 생활기간) ÷ 56세 = 49%
> 6년(일본 생활기간) ÷ 56세 = 11%
> 10년(미국 생활기간) ÷ 56세 = 18%
> 12년(중국 생활기간) ÷ 56세 = 22%

그러므로 나는 문화적으로, 49% 한국인, 11% 일본인, 18% 미국인, 22% 중국인이라 할 수 있다. 만약 누군가가 나의 한국 여권만 보고, 나를 100% 한국인이라고 생각하고 대화를 시작한다면 자연스럽게 51%의 불일치가 발생할 수 있으며, 그로 인해 오해를 낳을 수 있다. 그러나 타문화 사람들에게 복음을 전할 때는 하나의 좋은 연결점이 되고 변질되지 않는 복음을 제시하는 데 도움이 된다.

사람마다 성장 환경과 문화가 다르고, 가풍이 다르고, 삶의 철학이 다르고, 신앙이 다르고, 또 결혼한 사람은 배우자의 문화가 다르기 때문에 문화적 존재로 퍼센티지(%)를 산출하는 데 어려움이 있을 수가 있다. 그러나 위의 진단법으로 진단할 때 조금의 차이가 있을 수는 있지만, 많은 시험을 거친 결과 실제로 큰 차이가 나지 않는다는 것을 발견하였다.

외국에서 사는 교포나 외국인과 결혼한 사람의 경우도 타문화의 영향을 받고 배우자의 문화에 동화되어 가는 면도 있지만, 또 한편으로는 자기 고유의 것을 지키려는 경향이 강해 진단 결과에 오차는 크지 않았다.

필자의 진단법은, 복음을 전할 때도 유용하게 사용되지만, 회사나 교회 그리고 사회생활에서도 유용하게 활용할 수 있다.

이단(異端)을 경계하라

이단에 속한 사람을 한두 번 훈계한 후에 멀리하라 **딛 3:10**

이단의 특징을 살펴보자.

1. 이단은 자신들의 교리서를 성경보다 우선시한다.
2. 이미 예수님을 믿고 있는 사람들에게 접근한다.
3. 교회와 교회 지도자들을 비판한다.
4. 성경을 편협한 관점으로 해석한다.
5. 신학적으로 부정확하다.
6. 그들의 교주만이 세상에서 유일하게 성경의 난해한 말씀을 하나님께 직접 계시 받아 정확히 해석한다고 주장한다.
7. 어떤 교회는 자기 교회 목사만이 요한계시록을 정확히 해석할 수 있다고 주장한다. 나라마다 이런 사람이 한두 명은 꼭 있다.
8. 이단 교회는 모든 구성원을 교사화한다.
9. 속이는 방법으로 포교 활동을 한다. 좋은 행사나 유익한 세미나를 한다고 거짓말로 사람들을 모아서 결국은 이단 교리를 가르친다. 마귀는 거짓의 아비다.

너희는 너희 아비 마귀에게서 났으니 너희 아비의 욕심대로 너희도 행하고자 하느니라 그는 처음부터 살인한 자요 진리가 그 속에 없으므로 진리에 서지 못하고 거짓을 말할 때마다 제 것으로 말하나니 이는 그가 거짓말쟁이요 거짓의 아비가 되었음이라 **요 8:44**

10. 다른 사람의 말을 경청하지 않고, 자기들이 준비한 말만 세뇌하듯이 반복해 말한다.

11 인본주의와 인간관계로 서로 묶는다. 그래서 한번 들어가면 쉽게 벗어나기 힘들다.

12 사회에서 거절을 경험한 사람들을 환대함으로써 이단에 매력을 느끼게 한다.

13 어려서부터 무시당하던 사람들이 쉽게 지도자가 될 수 있는 시스템을 갖추어 이단의 유혹에 쉽게 넘어간다. 이런 사람들은 나중에 맹목적인 추종자들로 돌변한다. 심지어 이단을 떠나려는 사람들에게 분노하여 해를 입히기도 한다.

14 이단 교리는 중독성이 있으므로 이단 무리와 자주 만나서 그들이 하는 말을 귀 기울여 들어줄 필요가 없다.

15 성경은 하나님이 우리에게 주신 구원자의 이름은 오직 예수뿐이라고 선언한다. 그런데 이단은 자꾸 예수님 외에 다른 이름이 있다고 주장한다.

다른 이로써는 구원을 받을 수 없나니 천하 사람 중에 구원을 받을 만한 다른 이름을 우리에게 주신 일이 없음이라 하였더라 행 4:12

7

다시 사명으로

CHAPTER

자기 일에만 얽매어
있지 말고 받은 사명을 감당하자

우리는 바쁜 일상과 삶의 무게에 눌려 주님께 받은 사명을 잊은 채 살아간다. 어떤 이는 아예 사명을 내려놓고, 자기 편한 신앙생활을 추구한다. 그러나 주님의 부르심은 결코 변하지 않았다. 주님은 우리가 복음 들고 다시 일어서기를 기다리고 원하신다.

사명은 완벽한 사람이 감당하는 것이 아니라 순종하는 사람이 감당하는 것이다. 주님은 오늘도 우리를 부르신다. 다시 사명으로 돌아오라고, 다시 복음의 열정으로 살아가라고, 다시 하나님 나라의 확장과 하나님의 영광을 위해 달리라고 우리를 부르고 격려하신다. 주님께서 주신 그 거룩한 사명을 위해 우리는 전심전력으로 충성을 다해야 한다.

달란트 비유의 교훈

　마태복음 25장에 나오는 달란트 비유는 우리가 받은 사명을 어떻게 감당해야 할지를 보여 준다. 주인은 종들에게 "이익을 남기라"라고 직접 명령하지 않았지만, 돌아와 맡긴 것을 회계하고 평가한다. 충성된 종은 주인의 뜻을 따르고 최선을 다해 맡은 것을 잘 감당했고, 주인은 그에게 "잘하였도다 착하고 충성된 종아"라고 칭찬하며 상을 내린다.

　그러나 한 달란트를 받은 종은 자신의 게으름을 감추기 위해 주인을 탓하며 책임을 회피한다. 주인은 그를 "악하고 게으른 종"이라 책망하며, 그에게서 달란트를 빼앗고 바깥 어두운 곳으로 내쫓는다. 이 종의 잘못은 단지 결과가 없는 것이 아니라, 주인의 뜻을 오해하고 무시하며 스스로의 안일만을 추구한 데 있다.

　이 모습은 오늘날 우리와 매우 닮아 있다. 우리는 주님의 뜻보다 자기 생각을 앞세우고, 복음 전파보다 자신의 편안함을 우선시할 때가 많다. 그러나 주님은 모든 것을 회계하고 평가하신다.

충성된 사명자의 삶

　내가 질병으로 병원에 입원했을 때, 나는 병원 교회 목사님의 설교를 통해 큰 도전을 받았다. "자기 병에만 얽매이지 말고, 받은 사명을 끝까지 감당하라"라는 말씀에 감동을 받아, 나는 곧바로 같은 병실의 환자에게 복음을 전했다. 그 환자는 "지금까지 교회에 가자고 한 사람은 많았지만, 왜 예수님을 믿어야 하는지 이유를 분명히 말해 준 사람은 당신이 처음입니다"라고 말했다.
　우리는 매일 여러 일들로 바쁘지만, 자기 일에만 매이지 말고 주님이 주신 복음의 사명에 충성해야 한다. 예수님이 우리에게 명령하신 것은 단순한 제안이 아니라, 우리가 반드시 순종해야 할 사명이다.

　　예수께서 나아와 말씀하여 이르시되 하늘과 땅의 모든 권세를 내게 주셨으니 그러므로 너희는 가서 모든 민족을 제자로 삼아 아버지와 아들과 성령의 이름으로 세례를 베풀고 내가 너희에게 분부한 모든 것을 가르쳐 지키게 하라 볼지어다 내가 세상 끝날까지 너희와 항상 함께 있으리라 하시니라

마 28:18-20

감사한 사명, 귀한 은혜

성령으로 거듭난 모든 그리스도인에게는 감당해야 할 사명이 있다. 우리가 이 땅에서 복음을 전할 수 있다는 것은 주님이 주신 큰 은혜이고 축복이다. 인생은 짧지만, 무료한 시간은 아니다. 그것은 주님이 주신 사명이 있기 때문이다. 우리는 복음을 전할 때마다 예수님의 십자가 사랑이 얼마나 크고 놀라운지를 다시 깨닫게 되고, 복음을 거절당할 때마다 내가 받은 구원이 얼마나 귀한 것인지를 더 깊이 체험하게 된다.

이 책은 주님이 주신 사명을 충성되게 감당하고 싶지만, 어떻게 해야 할지 몰라 고민하는 이들을 위해 쓰였다. 주님의 명령 앞에 진심으로 순종하고자 하는 그리스도인들에게, 이 책이 실제적인 지침과 도움이 되기를 간절히 기도하고 바라는 바다.

바울은 말한다.

> **그들이 다 자기 일을 구하고 그리스도 예수의 일을 구하지 아니하되**
>
> **빌 2:21**

이 말씀은 우리에게 묻는다. "너는 지금 누구를 위해 그처럼 바쁘게 살고 있는가?" 나의 시간, 나의 재능, 나의 삶의 중심을 오직 주님의 뜻과 복음 사명 위에 둘 때, 우리는 진정한 그리스도의 제자로 살아갈 수 있다. 바쁨이 사명의 대체물이 되지 않도록, 우리 삶의 우선순위를 다시 점검해 봐야 할 때다.

기독지혜사 편집부,《호크마 주석》. 서울:기독지혜사, 2013.
민경배,《한국 기독교의 역사》. 서울: 기독교문사, 1989.
신후,《누구나 전도》. 서울: 두란노, 2023.
안점식,《세계관과 영적 전쟁》. 서울: 죠이선교회, 1995.
_____,《세계관을 분별하라》. 서울: 죠이선교회, 1998.
이동주,《아시아 종교와 기독교》. 서울: 기독교문서선교회, 2000.
청소년을 위한 큐티 매거진 〈새나(sena)〉. 서울: 두란노.
로저 그린웨이, 안영수 역,《가서 제자 삼으라》. 서울: 포도원, 2001.
존 레녹스, 구지원 역,《두려움 없는 복음 전도》. 서울: 생명의말씀사, 2020.
도날드 맥가브란, 이광순 역,《하나님의 선교전략》. 서울: 한국장로교출판사, 1993.
폴 히버트, 안영권 역,《인류학적 접근을 통한 선교현장의 문화이해》. 서울: 죠이선교회, 1997.
폴 히버트 · 엘로이즈 메네시스, 안영권 · 이대헌 역,《성육신적 선교사역》. 서울: CLC(기독교문서선교회), 1998.
후안 카를로스 오르티즈, 김성웅 역,《제자입니까》. 서울: 두란노, 2005.
데이빗 왓슨, 문동학 역,《제자도》. 서울: 두란노, 2004.
존 페스코, 박승민 역,《삼중 전가 신학》. 서울: 부흥과개혁사, 2023.
로버트 L. 플러머 · 존 마크 테리 공편, 조호형 역,《바울의 선교 방법들》. 서울: CLC(기독교문서선교회), 2016.
C. S. 루이스, 이종태 역,《순전한 기독교》. 서울: 홍성사, 2018.
Barrs, Jerram. *Learning Evangelism from Jesus*. Wheaton, IL: Crossway, 2009.
_____. *The Heart of Evangelism*. Wheaton, IL: Crossway, 2005.
Bounds, E.M. *The Complete Works of E.M. Bounds on Prayer*. Grand Rapids, MI: Baker Book House, 2000.

Coleman, Robert E. *The Master Plan of Evangelism*. Grand Rapids, MI: Revell, 1994.

Fernando Ajith. *The NIV Application Commentary*. Grand Rapids, MI: Zondervan, 1998.

Gilbert, Greg. *What Is the Gospel?* Wheaton, IL: Crossway, 2010.

Hiebert, Paul G. *The Gospel in Human Contexts: Anthropological Explorations for Contemporary Missions*. Ada, MI: Baker Academic, 2009.

Hulbert, Terry C.. *World Missions Today: What you should know about global missions by Dr. Ken Mulholland*. Evangelical Training Association, 2014.

Kennedy, D. James. *Evangelism Explosion*. Carol Stream, IL: Tyndale House, 1996.

Kraft, Charles H. *Communication Theory for Christian Witness*. Maryknoll, NY: Orbis, 1991.

MacDonald, William. *The ACTS Dynamic Christianity*. Kansas City, KS: Walterick, 1971.

Moreau, A. Scott. *Effective Intercultural Communication: A Christian Perspective (Encountering Mission)*. Ada, MI: Baker Academic, 2014.

Newman, Randy. *Questioning Evangelism: Engaging People's Hearts the Way Jesus Did*. Grand Rapids, MI: Kregel, 2004.

Packer, J.I. *Evangelism and the Sovereignty of God*. Westmont, IL: InterVarsity, 2012.

Phillips, Richard D. *Jesus the Evangelist: Learning to Share the Gospel from the Book of John*. Sanford, FL: Reformation Trust, 2007.

Pippert, Rebecca Manley. *Out of the Saltshaker and Into the World: Evangelism as a Way of Life*. Westmont, IL: InterVarsity, 2021.

Shin, W.. *Personal Evangelism Made Easy*. Word & Sprit, 2023.

Steyne, Philip M. *Encountering the Powers*. Columbia, SC: Columbia International University, 2002.

_____. *Gods of Power : A Study of the Beliefs and Practices of Animists*. Columbia, SC: Impact International Foundation, 1999.

_____. *Cross-Cultural Communication, Class 2001*. Columbia, SC: Columbia International University, 2001.

Willimon, William H. *Acts*. Atlanta, GA: John Knox, 1998.

Baker Exegetical Commentary

Charles Hodge, *Systematic Theology*. Vol 2.

Zondervan Exegetical Commentary

조나단 에드워즈의 "의의 전가의 교리"
웨스터민스터 신앙 고백서
이재훈, "승리의 확신", 온누리교회, 2015. 08. 23.
https://youtu.be/hjtszcU9-88?si=3tArCDhhwzMft48W
조지 머레이(George Murray) 설교
팀 켈러(Timothy James Keller) 설교
뉴스제이 https://www.newsjesus.net
Bible Hub https://biblehub.com
성경 전문 연구 프로그램 〈디럭스 바이블〉